古埃及

揭開神祕古文明面紗

A Very Short Introduction, Second Edition

Ancient Egypt

IAN SHAW

伊恩・蕭
著

趙睿音
譯

目錄

前言……5
第一章　導論……9
第二章　重建古埃及……43
第三章　歷史……69
第四章　文字……101
第五章　王權……115
第六章　身分認同……135
第七章　死亡……155
第八章　宗教……175
第九章　埃及熱潮……191
第十章　文化遺產……223

年代表……239
詞彙表……243
致謝……249
參考資料……251
延伸閱讀……261

前言

了解古文明的方式之一，就是讓自己沉浸在殘存的證據中，以埃及來說，顯然不缺這類素材，從棺材、墳墓、神殿壁畫、神話、禱告文，到不起眼的日常民生用品都有。但如果想真正洞察過去，我們就必須認識各方面的古埃及文明，如何受到發掘、記錄（以物品來說，往往脫離了原本的背景環境）。我們也必須了解自己的觀點一直受到影響，除了來自眾多的學者，是由他們發掘並詮釋了各個地方、物品及文本，也來自現代把這些吸引人的素材轉化成藝術、小說、紀錄片及娛樂的種種嘗試。因此，本書試著從埃及學中尋找見解（偶爾也會看看偽埃及學），藉此想辦法接觸古埃及本身難以捉摸的特性。

古埃及文化——指的是一種明確定義的現象，以非常特別的具體形式，用多種方式，透過一套獨特的文字傳達給我們——有某種令人印象深刻、明確可見的目標。在亞斯文（Aswan）城市以南數英里的地方，菲萊島（Philae）上的伊西絲女神神殿（temple of Isis）有面牆上刻著一段簡短的象形文字（hieroglyphics）。意義不在於那段文字的內容或含義，而在於日期——該段文字寫於西元三九四年八月二十四日，是確認已知象形文字使用的最後記載日期。古埃及的語言存活時間比較長（菲萊神殿〔Philae temple〕也保有「世俗體」〔demotic〕文字的最後塗鴉，它們比較草寫，時間可追溯到西元四五二年十二月二日），某方面來說，這種文字仍然以石化的形式，存在於當代科普特（Coptic）正教會的禮拜儀式文本中。儘管如此，大約在西元四世紀末時，象形文字的使用及其知識，實際上可說是消失了。一直到一八二二年尚—法蘭索瓦．商博良（Jean-François Champollion）解譯象形文字之前，埃及人的書寫世界一直不為人知，學者幾乎全靠希臘、羅馬作者所留下來的記述，或是《聖經》故事中有提到埃及的篇章。古典與《聖經》上的埃及形象因而主宰了新興的埃及學，幾乎到十九世紀末之前都是如此。

在商博良的重大進展一百八十多年後，古埃及研究的影響遍及大量當代議題，從語言學、非洲中心主義（Afrocentrism）到異教崇拜，還有牽涉外星人的古怪理論。本書結合了古埃及考古上及歷史上的研究討論，評估埃及——與諸多符號偶像——對於過去和現代西方社會思想的影響。希望能給讀者一點概念，了解主導現代古埃及研究的某些重大議題，同時也試著去探究，古埃及人的文化至今仍然深深吸引著我們的原因。

正如本書的第一版，大部分的討論（至少開頭如此）著重在納爾邁調色板（Narmer Palette，約 3100 BC），概略說明其意義與我們對早期埃及文化了解之間的關聯。接著各章會去探討調色板上某個不同的特點，以此作為出發點去考量古埃及的關鍵層面，例如歷史、文字、宗教和葬儀信仰。我們在這樣的架構下去討論當前的埃及學觀念和發現，有時候則是在偏民粹主義、偏商業化的觀點脈絡中，包括現代大眾媒體對於古埃及的普遍利用。過去十五年來，埃及的文化遺產及博物館有了許多發展——因此第十章是全新的篇章，用來討論各種議題，包括快速重大政治變化在考古及文化上的意涵，從二〇一一年所謂的阿拉伯之春（Arab Spring）之後，透過短暫的穆希（Mohammed Morsi）政府及目前當政的塞西（Abdel Fattah el-Sisi）而造成的影響。

第一章

導論

一八九八年時，英國埃及學家詹姆斯・奎貝爾（James Quibell）與費德里克・格林（Frederick Green）發掘了一塊雕刻的雜砂岩（greywacke，一種灰綠色、像板岩的岩石），地點在上埃及希拉孔波利斯（Hierakonpolis）的早期神殿廢墟遺址。不同於二十四年後發現的圖坦卡門（Tutankhamun）陵墓，這項發現當時並未吸引全球的記者爭相抵達現場報導，但是發掘者卻幾乎立刻意識到其重要性。正如羅塞塔石碑（Rosetta Stone），這塊雕刻石板——納爾邁調色板——即將對古埃及研究產生深遠的影響，遠遠超過當下在希拉孔波利斯的意義。在接下來的一世紀左右，這塊石板將受到埃及學家不同的詮釋，他們紛紛試圖解答各種不同的問題，從埃及國家的政治起源到埃及藝術及文字的本質。單一物品勢必無法代表整個文化，但納爾邁調色板是少數尼羅河谷僅存的文物之一，極富盛名且資訊豐富，能夠當作古埃及文化整體某些層面的縮影。

納爾邁調色板

納爾邁調色板是一塊盾牌形狀的雜砂岩，高六十三公分，雙面都有淺浮雕裝飾，一般推算其年代在西元前四千紀的最後一世紀。正面描繪著一對交纏的長頸獅子「蛇豹」（serpopard），由兩個蓄鬍的人用牽繩拉著。像這類對稱的「馴服」怪獸，似乎取材自早期美索不達米亞（Mesopotamian）或是埃蘭（Elamite）圖像，不過在埃及的脈絡中，可能是專門用來代表國家的上下兩半實行武力統一，這個主題在法老時期（Pharaonic）的埃及藝術和文本中很常見。

蛇豹的脖子盤繞成圓圈，巧妙地形成一處淺凹像個小碟子，可能是用來磨碎畫眼影的顏料（這是調色板原本的功能），不過我們不清楚像納爾邁調色板如此意義重大的儀式文物，是否真的曾經拿來這樣使用。像這類極受矚目的禮器也許超越了物品本身應有的功能，成為希拉孔波利斯神殿中的獻祭品。

在其他類似的儀式用調色板上，圓形淺凹可能會造成多餘的效果，打斷場景

圖 1a 納爾邁調色板正面（開羅埃及博物館），約西元前 3000 年。
（© Jürgen Liepe Ivy Close Images /Alamy Stock Photo）

圖 1b　納爾邁調色板背面，約西元前 3000 年。（© Jürgen Liepe Ivy Close Images /Alamy Stock Photo）

描繪的流暢度。

例如同樣由奎貝爾與格林在希拉孔波利斯所挖掘出來的「雙犬調色板」（Two-dog Palette），正面也有兩頭長頸獅子，但是淺凹處就只是位在長頸之間，而不是由長頸盤繞而成（又比如「戰場調色板〔Battlefield Palette〕，淺凹的位置中斷了俘虜的行列）。

在調色板正面頂端格層、兩隻蛇豹的上方，雕塑師刻了一位蓄鬍的早期埃及統治者，邁開步伐，據辨識大概是納爾邁（Narmer），可以從他前方的象形文字以及調色板頂端中央的塞拉赫（serekh）王名徽記圖騰判斷出來，就在兩個牛頭的中間。

統治者戴著所謂的紅冠，最早經由一塊可追溯至納卡達第一期（Naqada I，約在 3800-3600 BC）的陶器碎片證實，最後連結到掌控下埃及（但不確定是在納卡達第一期或者甚至是在納爾邁在位時期，就已經發展出這樣的關聯）。統治者也拿著權杖和連枷，身穿袍子，繫在左肩，腰部垂掛著一條公牛的尾巴。

國王與其他六個人排成一列，其中兩人大約只有國王體型的一半大小，在調色板上分別位居國王前後，或許是要表現出走在國王兩側的實際情況。這兩人並未蓄鬍，顯然代表高級官員，左邊那位很清楚是「提涼鞋者」（sandal-bearer，這是一個真的官職名稱，後世有些著名的王室官員擔任這個職位），因為他一手提著一雙涼鞋，另一手拿一個小器皿。他的脖子上則用繩索繫著一個胸飾，也許是王室印記。

在他頭部的後上方，有一個長方盒狀框起來的象形文字，這個符號可能是代表蘆葦「浮船」，就像古王國的河馬獵人所使用的（但是在這個脈絡中的意義不確定），拼音通常寫成 db3。他的頭部前面也懸浮著兩個不同的符號，可以明顯看出是一個層疊玫瑰花形的符號和 hm 的符號，這個符號後來有許多意義，包括「僕人」在內。右邊的官員呈現出來的體型略大，頭戴假髮，身穿豹皮服裝，脖子上吊掛的可能是書寫用具。他的身分可以從他頭上的兩個象形文字來辨認，拼出來的 tt 一字，可能是早期的維齊爾（vizier，高官）一詞。

國王與這兩名官員和四個比較小的旗手（其中只有一人蓄鬍），顯然正在觀看十個敵人斬首、去勢後的屍體。這些屍體平放在最右邊，每具屍體的頭顱都擺在雙腿之間，除了其中一具之外，死者的陰莖全都割下來擺在頭部。檢閱敵人屍首據推測是在戰役之後，或者是屠宰儀式的行為。四名旗手上方的符號或圖騰可由後期得知，由兩隻隼及一隻豺狼（或許是維普瓦維特神，Wepwawet）組成，還有一枚怪異的球型物體，顯然是王室胎盤（šdšd）。這些旗手合在一起形成一組，後來經確認是所謂的「荷魯斯追隨者」（或稱為「追隨荷魯斯的神祇」），與王室紀念大慶或葬禮有密切關聯。屍體上方有四個符號或圖像：一扇門、一隻隼、一艘有著高船頭和船尾的船、一隻抓著魚叉的隼。

調色板的另一面是比較大型、強壯的納爾邁闊步肖像，這次戴著上埃及的圓錐形白冠，同樣身穿袍子，繫在左肩，腰部垂掛著一條公牛的尾巴，牛頭上也有穗子緣飾。這個場景中只有一位提涼鞋者陪同（在他後方，或是側邊，就看我們如何詮釋視角的運用），他高舉梨形權杖，重擊敵人。權杖的拿法有點奇怪，握在手柄一半的地方。提涼鞋者同樣只有國王體型一半的大小，統治者高聳的王冠讓他顯得比場景中的其他肖像更加矗立。

提涼鞋者的頭部旁邊也有玫瑰花形和hm的符號，國王正抓著俘虜的頭髮（臉部特徵像是埃及人，而不像是利比亞人或亞洲人），俘虜頭部的右邊漂浮著兩個表意文字。大部分的埃及學家都推測這兩個小圖像是早期的象形文字，代表「魚叉」（wʿ）跟「湖泊」（š），可能是用來拼音表示外邦姓名「瓦十」（Wash），或是指某人的姓名、頭銜，甚至出身地其實是「魚叉—湖泊」。抓著魚叉的隼，也就是調色板正面斬首屍體上方的神祕符號之一（見上文），很可能也是要表達瓦十或魚叉敗在國王手下，而國王則以荷魯斯—隼的形象表現。

在國王前面、俘虜上面，隼神荷魯斯盤旋著，抓著一個以簡圖表示的俘虜，用繩子拴住此人的鼻子。這名俘虜的背後伸出六枝紙莎草，有人指出這應該是「六千名俘虜」的畫謎，因為在之後的法老時期，每株紙莎草植物代表數字一千。另一種解讀則說，這些植物圖像象徵著俘虜的家鄉，可能在長滿紙莎草的北埃及。「魚叉」和「湖泊」可能是用來指國王的俘虜，也可能是指隼抓住的人，因此兩者其實可能是同樣的人。調色板這一面最下方有兩個趴臥的人，赤身裸體，據推測也是俘虜或死亡的敵人。這兩人的臉部左邊各有一個符號（關於可能的意義，詳見第六章），身體扭轉，因此兩人的臉部都朝左，也就是跟上方的兩名俘虜方向相同，但是與國王及提涼鞋者的方向相反。

納爾邁調色板的裝飾外觀與極其複雜的內容，自從發掘出來以後，一直是討論的話題。圖像風格與辨識出來的納爾邁國王，顯示這塊調色板製作於西元前四千紀末期，當時出現了許多獨特的埃及文化元素，埃及在本質上也從史前時代進入歷史時代。這些圖像已經融合了一些極具法老藝術的特色，像是圖像排列呈現出一連串水平的「格層」（registers）、以半圖示輪廓描繪人與動物、結合正面與側面的元素，並且利用尺寸大小來表現個體的相對重要程度。後者正是權力的意象。

在一項跨文化研究中，加拿大考古學家布魯斯・崔格爾（Bruce Trigger）指出，重擊場景中的特有「埃及性」（Egyptianness），跟圖像裡看似普遍的諸多層面形成平衡。他指出國王的精心盛裝，與幾乎裸體的受害者之間形成明顯的對比。他引用了禿鷹碑（Stele of Vultures，見圖2），從古美索不達米亞的城市吉蘇（Girsu）挖掘出來以後存放在羅浮宮（早期王朝時代第三期，約2560 BC），碑上的當地神祇寧吉爾蘇（Ningirsu）揮舞著權杖朝向一群困在網中的赤裸敵人。與納爾邁調色板圖像更相似之處，是石碑另一面描繪的恩納圖姆（Eannatum），他是拉格什（Lagash）的統治者（ensi，領袖之意），腳下踩著擊敗的敵人，禿鷹吞噬著斬斷的頭顱。崔格爾還比較了來自亞斯奇蘭（Yaxchilan）雕刻門楣上的馬雅場景，一位名叫「鳥豹」（Bird-Jaguar）的統治者俘虜了兩個敵人（約AD 755）。在馬雅場景中，盛裝的勝利戰士與半裸的戰敗統治者形成對比，其中一人的頭髮被揪住。崔格爾下結論道：

> 雖然納爾邁調色板的場景未必是描繪在戰役中俘虜敵人，但兩個情

圖 2　禿鷹碑（羅浮宮），來自美索不達米亞城市吉蘇（早期王朝時代，約西元前 2560 年），碑上的當地神祇寧吉爾蘇揮舞著權杖朝向一群困在網中的赤裸敵人。（插圖繪製：Elizabeth Simpson）

景之間的心理雷同非常接近，儘管兩者在不同的南北半球完全各自演變而成，時代也相距甚遠。

這段評論可以用在埃及文化整體上的某些層面，我們會發現自己時常流轉於不同的想法之間，一下子覺得「他們就像是我們」，一下子又覺得他們其實是非常古怪、特異的埃及人。正如埃及學家巴瑞．坎普（Barry Kemp）在《解剖古埃及》（*Ancient Egypt: Anatomy of a Civilisation*，很推薦這本書，是比較長篇的古埃及介紹）一書中所說：

我試著想當個客觀的觀察家，就像植物學家觀看蕨類品種那樣，去檢視來自古埃及的證據。然而唯有接受我自己是其中的一分子，這些證據對我來說才有意義。我連接片段的方式，也取決於我是人類這項事實，我活在屬於我的文化領域。沒人能夠清楚明確地回答，同理心太多還是太少的界線究竟該如何劃定。

如果古埃及文化的吸引力在於混合了新奇及熟悉，那麼埃及學家的角色似乎是要利用現有的考古、圖像和文字資料，一方面去區分生活層面中特有的文化——不論是對我們自己來說，或者是對古埃及而言——另一方面則是人類的關鍵特徵，還有那些超越時空的行為。這當然不是研究古埃及文明的唯一理由，雖然這種心態確實時常考驗我們，要我們別把埃及孤立看待，而是要當作針對著特定的環境與歷史狀況，眾多人類文化的回應之一。

古埃及是什麼？

已知最早的「埃及人」——如果在埃及這個文化或族裔現象存在之前，也能用這個稱呼的話——經證實大約是在西元前四十萬年舊石器時代的時候，出現在非洲東北部。

最早的工具證據是大型的石製手斧，不過最早的真正人類遺骸（在埃及南部塔拉姆薩丘陵〔Taramsa Hill〕發現的孩童遺體）大約有五萬五千年之久。介於這兩個日期之間（400000-55000 BC），埃及度過了漫長的人類史前早期及中期舊石器時代。早期「原始人類」（hominins）的存在（先有直立人，後有智人）可經由散布的石器工具證實，殘存於撒哈拉沙漠東部，也就是如今埃及的所在地。這些狩獵採集者在長期極度乾燥中存活下來，當中間隔著短期階段的潮濕環境。例如位於中東部沙漠（central Eastern desert）的索德曼洞穴（Sodmein Cave），當地的層狀沉積物顯示出從舊石器時代中期到新石器時代的日常活動。

中石器時代期間（約 10000-5000 BC），有些半遊牧文化緊鄰著尼羅河谷地區而居，靠狩獵及捕魚維持生計。最後大約從西元前六千年起，東北非的氣候逐漸變得潮濕，有助於偏向定居的社群發展，沿著尼羅河岸，主要依靠馴養動植物為生。這些半永久聚落的發掘揭露了密集的證據，在亞斯文地區像是庫巴尼亞旱谷（Wadi Kubbaniya），許多家庭都會加工植物。

到了西元前四千紀之始，定居社群開始出現在尼羅河谷的北端盡頭處。當時全區的降雨量很低（現在也還是如此），因此埃及豐饒的農業用地是靠河流的年度氾濫（洪水）來灌溉，在河岸沉積新層疊的肥沃淤泥，隨著河流蜿蜒向北，兩岸的可耕地帶厚度不等。尼羅河源起於東部和中部非洲，下游延伸至地中海岸，是埃及地理學上最重要的單一元素。埃及學家通常會把國家分為兩部分，主要是根據文字資料：先是上埃及，也就是南部地區，由哈勒法旱谷（Wadi Halfa）到開羅（Cairo）之間的土地所組成；再來是下埃及，在北部地區，尼羅河在此扇形散開成許多支流，形成大片肥沃的三角洲，接著再流入地中海。文字資料也顯示古埃及人稱自己的國家為「黑土地」（Kemet，指肥沃的黑土壤），與周遭的紅土地（Deshret，或是沙漠）形成對比。在這樣的地理環境中，精緻的文化持續浮現。

法老時期埃及的考古學橫跨三千年（約 3100-332 BC），包括多元的文物、建築、文字和生物遺骸。世界各地的博物館收藏了數百萬件的埃及古物，還有更多保留在原地，就在尼羅河谷及三角洲，從神殿、墓群、城市，到偏鄉的石碑刻文，雕刻在利比亞沙漠（Libyan Desert）的懸岩上，在東部沙漠或西奈半島也有。有三大要素促成了異常豐富詳盡的法老時期埃及文物倖存：首先是權貴團體偏好浮誇、精緻的葬禮安排；其次是適合保存的乾燥環境；最後是利用許多不同的媒介來書寫。

古埃及歷史的重新發現，在許多方面都跟其他早期文明一樣，數世紀的無知與掠奪漸漸轉變，由十九世紀晚期和二十世紀的學者以比較開明的方式取而代之。然而在這樣普遍的潮流中，許多特定層面的古埃及研究——例如銘刻學、古物發掘、文獻學、人類學——進展的速度非常不一樣。

希臘人與羅馬人的埃及觀點

在埃及以外，最早對研究埃及獨特人類學表現出興趣的是古希臘人。儘管埃及與其他地方的考古證據顯示，至少在西元前三千紀晚期時，埃及人與希臘人之間就有商業往來，但大概一直要到第二十六王朝的統治者普薩美提克一世（Psamtek I）在西元前七世紀時大量招募希臘僱傭兵，兩邊的文明才開始有全面接觸。

西元前五世紀到西元二世紀之間，有許多希臘和羅馬學者到訪埃及，他們的遊訪記述首次提供了來自外界的真實文字與知識觀點。遺憾的是，許多古代作家的埃及書寫作品並未留存下來——主要原因之一是在西元前四十七年及西元三九一年，亞歷山卓（Alexandria）圖書館兩次遭到焚燬，七十萬件作品佚失，包括曼涅托（Manetho）的三十六冊的《埃及史》（*Aegyptiaca*）在內（詳見第三章）。

遊訪埃及最著名、資訊最豐富的古希臘人，當然就是旅人兼歷史學家希羅多德（Herodotus）。他在西元前四三〇年到四二五年寫成九冊的《歷史》（*Histories*），第二冊完全在講埃及。希羅多德提供了最早的文字資料，關於木乃伊製作和其他古埃及的宗教葬儀習俗，也吸引了後世眾多仿效者，包括斯特拉波（Strabo）以及狄奧多羅斯（Diodorus Siculus）。

他的埃及之旅最南可能遠至亞斯文，但是他沒有詳述底比斯（Thebes），主要著重在下埃及的地點。他的證據來源主要似乎是低階的埃及祭司，不過他觀察敏銳，辨認出金字塔是王室的埋葬之處。希羅多德不只提供了大量關於五世紀時的埃及民族文化資訊，也提供了我們古埃及後期將近兩百年歷史的某個版本，從普薩美提克一世統治開始，大約是西元前六五〇年，一直到希羅多德造訪埃及的時候，大約是西元前四五〇年（當時的埃及已是波斯帝國的總督管轄區〔satrapy〕）。偶爾會有考古的成果顯示，希羅多德的描述驚人地準確，例如泰爾巴斯特（Tell Basta）這個布巴斯提斯（Bubastis）城鎮及神殿的所在地，位於尼羅河三角洲之東、開羅東北部約八十公里處。在一八八七年到一八八九年之間，愛德華．納維爾（Édouard Naville）發掘出該地的主要歷史遺跡，貓女神芭絲特（Bastet）的紅色花岡岩神殿，證實了這位埃及史學家所說的許多建築細節。

儘管西元前五世紀的當地埃及文本內容相當廣泛，但是大部分都充滿刻板、過時的素材，從現代歷史來看並不可靠。不過希羅多德並非沒有自己的問題，他可說是呈現了一種刻意打造、符合希臘品味跟想法的埃及史觀點。不僅如此，德國文獻學者赫爾曼．狄爾斯（Hermann Diels）在一八八七年時說明，希羅多德其實大部分都是抄襲著名的前輩、米利都的赫卡泰歐斯（Hecataeus of Miletus），據信他在大約西元前五〇〇年時曾經到過埃及。因此一般認為赫卡泰歐斯至少該獲得一些稱讚，因為他發展出基本的知識架構，成為希羅多德以及大部分後世希臘作者書寫埃及的特色。

有些希臘人去尼羅河谷純粹是為了商業或軍事理由（又或者只是路過），這些人留下了最早的觀光客和「朝聖」塗鴉，遍布在他們參觀過的景點和歷史遺跡。這類塗鴉最精彩的一部分在門農巨像（Colossi of Memnon）最北邊，兩座巨大的雕像矗立在第十八王朝的阿蒙霍特普三世（Amenhotep III）祭祀神殿遺跡前，就在底比斯西岸。希臘人稱這雕像為「發聲門農」（vocal Memnon），認為每天清晨雕像發出的不尋常呼嘯聲，是《荷馬史詩》中的角色門農對著他母親黎明女神伊爾絲（Eos）吟唱。即使位於遙遠努比亞（Nubia）阿布辛貝（Abu Simbel）的第十九王朝拉美西斯二世（Ramesses II）神殿也有塗鴉，塗鴉出自卡里亞（Carian）、希臘、腓尼基（Phoenician）士兵之手，在西元前六世紀初時，這些人參與了普薩美提克二世（Psamtek II）的遠征庫施（Kushites）。希臘史學家斯特拉波於西元前一世紀末時，在亞歷山卓待了好幾年，他討論了好幾個底比斯歷史遺跡，包括巨像和新王國的石窟陵墓。雖然他的作品內容大致上不如希羅多德豐富，對於埃及文化也相當容易出現居高臨下的評論，斯特拉波的《地理學》（*Geography*）仍然是西元前一世紀關於埃及的寶貴紀錄。

希羅多德與其後繼者提供了後期和希臘羅馬時期的埃及資訊，也有助於我們了解埃及人在知識及精神上關切的事情。儘管希臘及羅馬的作家似乎常常錯估埃及人的宗教和哲學，他們的反應就像埃及對許多現代研究者的影響一樣，往往融合了複雜的回應。

《聖經》與埃及

希臘人與羅馬人曾經出現在埃及，這一點毫無疑問，但要是想把《聖經》中的敘事跟埃及的文字和考古紀錄連結在一起，往往很有問題。大部分學者在試圖確定《聖經》中埃及相關事件的準確日期時，往往會遇到挫敗，因為《舊約聖經》中的年代先後順序背景並不確定。還有許多對以色列人來說意義重大的事件，或許不能認定對古埃及人來說也同樣重要，因此不能保證曾經有任何獨立的埃及紀錄存在，更不用說那只占真正保存下來文本中的很小一部分。

日期確切的埃及相關紀錄，似乎一直要到西元前一千紀才出現在《聖經》中，有幾處具體提到埃及人，特別是跟對抗亞述人（Assyrians）和波斯人（Persians）的戰役有關。可能在第二十一王朝統治者長者奧索爾孔（Osorkon the elder）在位期間，大約西元前九八〇年的時候，以東人哈達（Hadad the Edomite，所羅門王的敵人，《列王紀上》〔*I kings*〕第十一章中有提到）待在埃及。第二十二王朝的統治者瑟宋克一世（Shoshenq I, 945-924 BC）幾乎可以肯定就是《聖經》上的示撒（Shishak），據說他在西元前九二五年洗劫了耶路撒冷（Jerusalem）和所羅門聖殿（temple of Solomon）。大約兩個世紀之後，埃及王子薩伊斯的泰夫納赫特（Tefnakht of Sais）據說就是《聖經》中撒馬利亞統治者何細亞（Hosea）派人聯繫的「埃及王」（So, King of Egypt），當時他想尋求軍事援助對抗亞述人的侵略（列王紀下17）。

不過這些明確提及統治者名稱的例子非常罕見，一般來說，古埃及與《舊約聖經》敘述之間可證實的連結，往往有爭議且引發辯論熱烈。《聖經》中描述的事件大多發生在數百年前，之後才書寫記錄下來，因此很難確知這些究竟是真實的歷史記述，又或者在本質上只是寓言或詞藻堆砌。可能發生的更大問題還有使用不符合時代的埃及名稱、地點或文化現象，並不屬於事件應該發生的實際時代，而是屬於後期，也就是寫下文字的年代。例如約瑟的故事（創世紀 37-50）一般認為發生在新王國時期（1550-1070 BC），但故事內容卻有某些細節與塞特時期（Saite, 664-525 BC）的埃及政治情況比較一致。

最常受到討論的埃及與《聖經》關聯大概是《出埃及記》（*Exodus*），一般認定涉及將以色列人從埃及放逐的法老王是拉美西斯二世（這位統治者的整體聲譽將會在第五章討論），連結拉美西斯與《出埃及記》的證據相當薄弱，有一部分是靠《出埃及記》第一章第一節中的敘述，受奴役的以色列人在「比東（Pithom）及蘭塞（Ramesses）」兩城工作，後者被認為是培拉美西斯（Piramesse），是由拉美西斯與其父親在東部三角洲成立的地點。也有人指出拉美西斯的長子阿蒙赫爾凱普舍夫（Amunherkhepeshef）似乎很早就消失在父親的統治紀錄中，因此有些學者認為這位王子很可能早逝，成為《出埃及記》敘述中，法老王宰殺「頭生子」的推想人選。然而考古學家法魯克・戈馬（Farouk Gomaa）認為，這個兒子很可能只是改名，變成阿蒙赫尼米夫（Amunherwenemef）或塞特赫赫菲謝夫（Sethherkhepeshef），這兩個名字持續在文本中出現，一直到拉美西斯統治後期的時候都能看到。如果戈馬說的沒錯，這個兒子就會一直活到拉美西斯二世統治第四十年的時候，這表示他過世的時候可能是五十幾歲，因此不太可能是被殺掉的頭生子。

可惜戈馬慢了將近半世紀，沒能阻止西席・地密爾（Cecil B. DeMille）在他著名的默片《十誡》（*The Ten Commandments*, 1923）中，把拉美西斯演成反派角色。同樣的情況也發生在一九九〇年代夢工廠（Dreamworks）的《出埃及記》相關動畫《埃及王子》（*Prince of Egypt*），還有二〇一四年雷利・史考特（Ridley Scott）發行的《出埃及記：天地王者》（*Exodus; Gods and Kings*），在這兩部片子中，拉美西斯再度陷入窘境。

有些埃及學家認為，《出埃及記》中的「法老王」其實是拉美西斯的兒子、王位繼承人麥倫普塔（Merenptah），部分根據來自他在位時的「勝利石碑」（victory stele），那是最早提到以色列的紀錄。石碑的年代是他在位的第五年（約 1208 BC），碑上內容包括各種讚美詩歌，讚頌麥倫普塔戰勝外敵。在巴勒斯坦那裡的敵人中，列有以色列一詞，旁邊又明顯伴隨著一個象形文字，標示這裡是指民族，而不是指城鎮或地理區域：

> 迦南（Canaan）遭到眾惡擄掠、亞實基倫（Ashkelon）被奪走、基色（Gezer）遭攫取、雅羅安（Yanoam）不復存在、以色列變得荒廢，種子消失、因為埃及，何魯（Hurru）成為寡婦。眾土一心，四海綏靖。

但是正如這段翻譯摘錄所示，石碑其實沒有講到多少以色列的起源或本質，也絕對沒有提到在埃及有以色列人存在，更不用說放逐了。事實上，麥倫普塔的石碑可能根本不是埃及最早提到以色列的相關紀錄。在柏林，有塊第十八王朝雕像底座的碎片，上面的雕刻似乎提到以色列這個種族，時間早了將近兩個世紀。

也有人指出，第十八王朝初期的哈謝普蘇女王（Queen Hatshepsut）才是《出埃及記》裡的法老王，這個說法的根據有點可疑，認為分紅海也可以解釋成火山爆發所導致，就像是愛琴海中聖托里尼島（Santorini）上的狀況，而且正好與女王的統治時期一致。但是新近估計的聖托里尼島火山爆發日期，大約是西元前一六二〇年，比哈謝普蘇在位早了將近一百五十年。

加拿大埃及學家唐納・瑞福（Donald Redford）的看法比較激進，他認為《出埃及記》的描述只不過是故事大雜燴，可能源自於西克索人（Hyksos，第二中間時期統治埃及北部的亞洲諸王）遭到驅逐的遙遠回憶。在《埃及人摩西》（*Moses the Egyptian*）一書中，埃及學家揚・亞斯曼（Jan Assmann）指出，這段民間共同記憶不只代表著西克索時期結束，當時埃及人驅逐了埃及北部的亞洲統治者，或許也是所謂「異端」阿瑪納（Amarna）時期的某種神話化（詳見第九章）。他的結論是，出埃及的故事終究被視為一種便宜行事，利用這類民間故事，能讓以色列人將自己定義成獨特的國家。

埃及與《聖經》之間另一個吸引人的直接文學連結（或許也可說是宗教連結），是所謂的《阿頓頌詩》（Hymn to the Aten，最長的版本出現在阿瑪納時期阿伊王〔Aye〕的陵墓）跟《詩篇》（*Psalm*）第一〇四篇的形式及內容非常類似。這段頌歌據說由法老王阿肯那頓（Akhenaten）所寫，他將埃及宗教徹底改變為單一崇拜，以日輪太陽神阿頓（Aten）為中心，某些人視之為一神論。

偶爾有人會試圖將阿肯那頓與摩西相提並論（包括佛洛伊德〔Sigmund Freud〕的《摩西與一神論》〔*Moses and Monotheism*〕一書），然而在這位法老王的一生中，或是他成立的阿頓教，並沒有任何一方面與《聖經》裡描述的摩西相似。與《詩篇》的相似之處，大概只有兩項作品擁有共同的文學傳承——甚至可能源自於共同的近東原作。在後期名言錄《卡納克赫特之子阿門內莫普教誨》（*Instruction of Amenemipet son of Kanakht*）和《箴言》（*Proverbs*）之間也能觀察到極為相似的情況，通常認為也是同樣的原因，雖然有些學者認為，《箴言》的作者甚至可能受到《阿門內莫普教誨》中某篇文字的影響。

《聖經》考古學的諷刺之處在於，越是探究連結埃及與《聖經》之間的文本與考古遺跡，就會發現這類連結似乎越不實在、越沒說服力。正如埃及學家約翰．盧文（John Romer）在《證明：聖經與歷史》（*Testament: The Bible and History*）一書中觀察道：「說到底，考古既不能『證實』也不能『駁倒』《舊約》，只不過是關於可能含義的現代理論。」埃及的《聖經》考古學或許註定會遇上死胡同，但是毫無疑問，在埃及學早些年時，古典與《聖經》作品是重要的熟悉路徑，引人走進原本陌生且大多難懂的地景。

「埃及學」的崛起

關於歐洲人對古文物的癖好，何時轉由考古學取而代之，很難說出確切的日期，「早期旅人」的書寫、埃及古物的收集，漸漸轉變成接近現代學科的埃及學。不過大部分的埃及考古學歷史，會把十九世紀初的拿破崙遠征看作是首次有條理嘗試去記錄、描述法老時期埃及留下的遺跡。《埃及記敘》（*Description de l'Égypte*）這部多冊出版品是遠征的成果，其重要性不只在於高水準的繪畫及精確度，這部書籍是由單一學者群所組成的連續、內部一致評價，因此提供了首度真正嘗試對古埃及全面的評價。

儘管拿破崙的「學者專家群」有這樣的科學目標，但幾乎所有十九世紀的埃及發掘，都是為了提供給歐美的博物館和私人收藏，因為遠征的資助來源總是這些。十九世紀前半葉的歐洲人遠征埃及，可觀之處在於新資訊的迅速獲得，經過消化、吸收後，成為法老時期的整體全貌。一八三八年時，法國建築師埃克多・歐侯（Hector Horeau）出版了《埃及全景》（*Panorama d'Egypte*），包含了埃及主要歷史遺跡的插圖。畫冊以想像中蜿蜒的尼羅河曲徑呈現，前景有亞歷山卓港與地中海岸，遠景有菲萊島上的伊西絲女神神殿。這部埃及的風景圖片已經包含了埃及建築的基本要素，從吉薩的金字塔到底比斯東西兩岸的神殿，充分隱喻了埃及學概要集結的速度。早在一八三〇年代的時候，加德納・威金森（Gardner

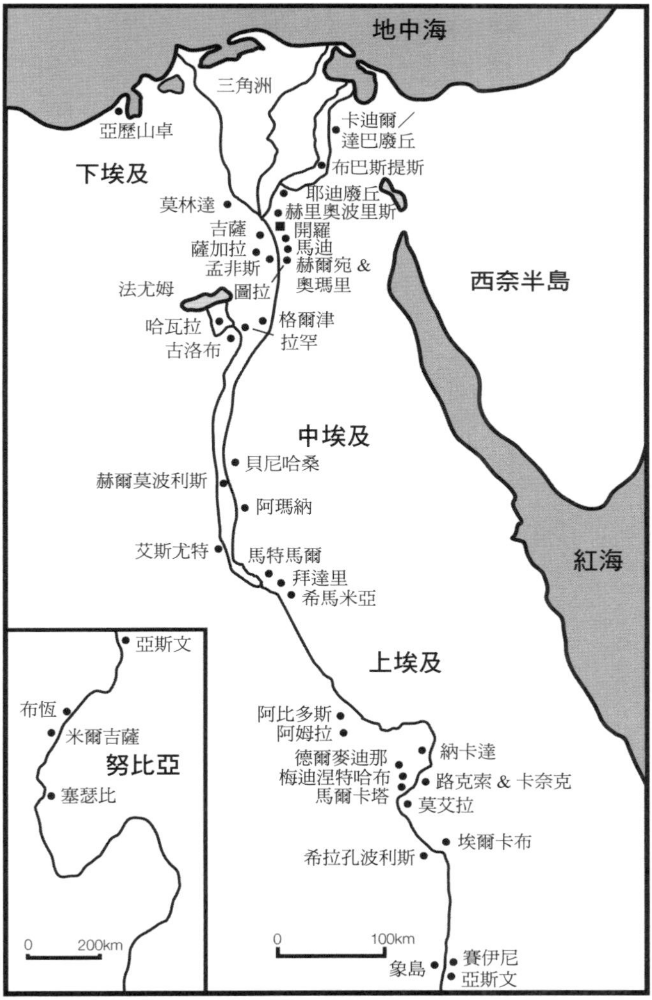

圖 3　文中提到的主要埃及考古遺址。（©Ian Shaw & Paul Vyse）

Wilkinson）就在他的《禮儀與風俗》（*Manners and Customs*）一書中，呈現出大範圍而詳盡的古埃及觀點。十九世紀初期出版品的內容中，當然會有不精確、錯誤概念和疏漏，但在許多方面已知基礎，過去的一個半世紀可以說是更注重填補細節，而不是創新。

十九世紀初期有組織的掠奪者如喬瓦尼·貝爾佐尼（Giovanni Belzoni）、貝爾納迪諾·德羅韋蒂（Bernardino Drovetti），一八九〇年代的挖掘者如艾米爾·阿美利諾（Émile Amélineau）、雅克·德·摩根（Jacques de Morgan），介於這兩段時期之間，埃及考古學家所使用的技術，出乎意料地沒什麼進步。約翰·沃森（John Wortham）在他的《英國埃及學》（*British Egyptology*）中，巧妙地概述了這個時期：「雖然考古學家不再使用炸藥來開挖遺址，他們的技術卻沒有精進。」

十九世紀埃及考古學潛藏最退步的一面，就是相對於科學挖掘的「清除」概念。這個詞本身就證實了謬誤，認為沙土就該被移除，才能顯露出埋藏在底下的重要歷史遺跡，因而導致妥善考量分層挖掘受阻，沒有去了解遺址中的所有組成部分——沙土、陶器碎片、泥磚、矗立的石門——全都是考古紀錄上同樣重要、不可缺少的要素。這類「清除」往往也包括破壞比較近代的物質，主要是遺址上的拜占庭及伊斯蘭時期現場，相較於法老時期的古物，這些對早期學者的吸引力不大。不過在一八八〇年代之後，比較科學的方法出現，慢慢推動埃及學進入比較有條理的年代。

十九世紀末、二十世紀初之際，考古學各分支的田野工作以及分析科學方法仍在發展階段，其中兩位埃及學家弗林德斯．皮特里（Flinders Petrie）和喬治．賴斯納（George Reisner）的創新方法，為這門學科的整體立下新標準。這或許是歷史上埃及考古學唯一一位居研究方法發展前線的階段，替歐洲及美洲的發掘奠定榜樣。

在崔格爾的《考古學思想史》（*A History of Archaeological Thought*）一書中，提到埃及考古學的地方並不多：只有皮特里發明的早期序列化（seriation）

方法，叫做「序列年代測定」（sequence dating），占了大約一整頁左右的討論篇幅。這大概算是公正評估了埃及學對考古學思想的貢獻，過去一百五十年來，埃及遺址的挖掘則提供了珍貴資料的穩定來源。迅速擴大的埃及資料庫提供了新見解，讓人了解法老時期的物質文化，不過或許更重要的貢獻是對於地中海地區，為此地建立起編年架構。古埃及在古代年表規畫的中心地位，使得近年來試圖找出法老時期年代學的錯誤更加重要。不過現存的年代學如今滿是考古及文字細節，根本很難深入剖析，加以重組（詳見第三章）。

第二章

重建古埃及

納爾邁調色板的發掘地點，距離前王朝（Predynastic，又稱史前埃及）晚期及早期王朝（Early Dynastic，約 3100-2700 BC）時代一系列埋葬的儀式文物大約一公尺遠，其中包括更多的儀式用調色板，還有儀式權杖頭跟雕刻的象牙小雕像。這批由詹姆斯・奎貝爾和費德里克・格林發現的文物——他們稱之為「主要文物出土層」（main deposit）——自此證明是最重要的證據之一，促進了我們對埃及國家起源的了解。可惜因為缺乏明確公布的計畫和遺址分層分部，這些關鍵早期發現的完整意義及真正年代，至今仍不清楚。在附近地區，發掘者也發現了數樣貴重的物品，屬於埃及史上比較晚期的時候。其中包括兩個獨特的銅合金雕像，雕像人物是古王國後期的統治者佩皮一世（Pepi I, 2321-2287 BC），還有一個黃金的隼頭，或許是神殿中膜拜雕像的局部。不同年代物品的混雜，顯示這些東西包含了各種王室餽贈給神殿的禮物，然而我們無從得知，這些物品究竟是由前王朝以降到古王國時期的幾個統治者，他們親自送到神殿裡來，又或者是由後期古王國或中王國的某位統治者，全部一起奉上。

奎貝爾對於發掘「主要文物出土層」及緊鄰地區的評語，傳達出一種誠實的絕望，他們的技術其實達不到工作任務的要求：

日復一日我們坐在坑裡刮土，試圖分開理順物品。物品散落四處，每件都跟五、六樣其他物品連在一起，緊密連結，像是抖動一把火柴後扔到桌上。

在《法老之前的埃及》（*Egypt before the Pharaohs*）一書中，美國史前學家麥可·霍夫曼（Michael Hoffman）總結了奎貝爾和格林有多麼一敗塗地（雖然也可能是錯估了他們在希拉孔波利斯工作的複雜程度）：

很遺憾地，我們甚至不確定最生動的一件證據納爾邁調色板，究竟真正來自何處。發現地點顯然在主要文物出土層附近，但並非真的跟其他東西一起。

從格林的田野筆記看來（奎貝爾根本沒寫！），似乎是在距離一、兩公尺遠的地方發現的。格林在一九〇二年的發表中談到，納爾邁調色板的發現地點與顯然是上古王朝（Protodynastic）層的位置直接相關，因此年代大約是在西元前三一〇〇年，兩地統一之前的一、兩代。但是兩年前，由奎貝爾首度發表的希拉孔波利斯報告，卻標示是來自最典型的主要文物出土層，年代可能晚至中王國（約 2130-1785 BC）。

奎貝爾與格林在希拉孔波利斯發現納爾邁調色板的獨特本質與背景，突顯出一項事實，在某些極端例子中的重大發現，如果沒能妥善記錄完整的背景，很可能就會變得幾乎毫無意義。即使是最一絲不苟的開挖，有時候也可能會遭遇到詮釋的問題，但反之，如果以不科學的方式進行或公布發現，那麼凸顯完整意義的可能性也就微乎其微了。

像納爾邁這樣的前王朝晚期儀式用調色板，其整體文化背景也是如此。例如埃及學家大衛・歐康納（David O'Connor）曾經提出一種可能性，他指出調色板兩面的畫面安排不同，因為在實際的宗教環境中，各自有明確的儀式功能，融合化妝研磨區塊的那一面通常在最高處，所以大概也比較重要。不過他也強調，要把儀式調色板視為只是小小的特定組成部分，屬於整體複雜的儀式圖像、物品和建築，只有零散的碎片從前王朝晚期及早期王朝時代殘存下來。

古埃及留下了大量豐富的資料，因此埃及學家往往一直想搜尋資料。接連不斷的新發現確保證據本身能穩定增加，多量又多樣化。不過值得注意的是，埃及的考古發現已經淪為陳腔濫調，從媒體對於發現與主要參與者的反應跟描述可以看出來。一九八六年某一期的《膨奇》（*Punch*）雜誌成功諷刺了那種屏息誇張渲染的方式，某項新發現被灌水成找到迷你版的圖坦卡門陵墓（墓裡其實是一個名叫馬雅的人，他是圖坦卡門的財政官員）。

這門學科本身並不是光靠發現新資料才有進展，不同世代的埃及學家採用了新的理論典範，漸漸改變了公認的古埃及文化全貌。再來是新的方法，例如創新的發掘技術或精密的科學分析過程，在不同時期改變了我們對古埃及殘存證據的看法。不論媒體如何誇張，某些考古發現確實代表著這門學科在歷史上的重要轉折點，像是一九八七年時，在達巴廢丘（Tell el-Dab'a）遺址發掘出愛琴海風格的濕壁畫，或是一八九〇年代時，在阿瑪納出土豐富的楔形文字銘刻泥板（人稱阿瑪納書簡）。正如納爾邁調色板，這兩項發現很快就受到肯定，不只是埃及學拼圖上重要的新片塊，也帶來真正革命性的資訊，讓人有必要大幅重組現有的版圖。

阿瓦里斯濕壁畫

從一九六〇年代起，奧地利考古研究所（Austrian Archaeological Institute）開羅分院就在達巴廢丘挖掘，這是阿瓦里斯城（Avaris）的遺址，是來自敘利亞—巴勒斯坦的西克索統治者首都，在所謂的第二中間時期掌控北埃及。達巴廢丘向下延伸的地層，保存了大型青銅時代群落的聚落模式，讓人可以觀察一段時期內許多世代的變化。一九八〇年代晚期時，發掘主要著重在一座第十八王朝（約 1550 BC）早期大型宮殿建築的下層結構，位於伊巴赫爾米（Ezbet Helmi），在遺址的西側邊緣。一九八七年時，許多米諾安（Minoan）壁畫的碎片出土，混雜在毗鄰宮殿古代花園上覆蓋的碎片堆中。這些碎片有好些顯然來自描繪躍牛者（bull-leaper）的作品，就像那些在克諾索斯（Knossos）青銅時代中期著名宮殿裡的壁畫一樣。先前在許多埃及新王國遺址發現的米諾安和邁錫尼（Mycenaean）陶器，往往被詮釋成與愛琴海進行貿易的證據，但是米諾安壁畫出現在達巴廢丘，卻暗示著在第十八王朝早期時，阿瓦里斯的人口事實上可能包括了來自愛琴海的家族。也有人指出，經常使用紅色繪畫背景，甚至可能表示阿瓦里斯的米諾安繪畫出現的日期，早於克里特島（Crete）及錫拉島（Thera，即聖托里尼島）上的壁畫。

埃及境內的遺址有米諾安壁畫存在，可能有助於解釋第十八王朝早期的埃及墓室壁畫，為何出現了像是「飛騰」（flying gallop）的愛琴海圖案（也就是把動物的前腿和後腿描繪成完全伸展開來，全速奔騰的樣子）。這些阿瓦里斯繪畫是出自米諾安藝術家之手嗎？又或者是米諾安人訓練了埃及的藝術家？類似的米諾安繪畫碎片可以在黎凡特（Levant）的三處遺址找到，包括卡布里廢丘（Tell Kabri）、卡特納（Qatna）、阿拉拉赫（Alalakh），就像在阿瓦里斯，似乎也與統治菁英有關。這項發現是少數核心關鍵之一，有潛力能把地中海東部地區的數個文化年表連結在一起。

這項發現也讓人要問，我們所說的「米諾安」文化究竟是指什麼。在發現阿瓦里斯的濕壁畫之前，一般認為克里特島是這類「米諾安」藝術的起源地，只要出現在其他地方，就表示克里特人與其他的地中海文化有接觸，不論是透過貿易或人口移動。「米諾安」藝術出現在埃及三角洲的時間，可能早於在克里特島，這表示其起源事實上可能在克里特島以外，雖然這是目前為止，埃及史上唯一一個這類藝術例子的紀錄，大概也不可能代表埃及文化本身就是這類藝術的起源。

阿瑪納書簡

就像阿瓦里斯濕壁畫，阿瑪納書簡也是在埃及考古脈絡中發現的「非埃及」文物。兩者的深遠影響也很類似，因為阿瑪納書簡深深影響了我們對於青銅時代晚期埃及以及近東地區政治和歷史的了解。阿瑪納書簡的故事始於一八八七年，當時有一名村婦挖掘古泥磚當肥料用（阿拉伯文中稱為 sebakh），她發現了一批小塊泥板，上面刻著美索不達米亞與黎凡特的楔形文字。這個發現引起了更進一步的非法挖掘，古物市場上出現了一批泥板。泥板的重要性並沒有立刻受到認可，許多紛紛落入私人手裡，但是大英博物館（British Museum）的瓦利斯・布奇（Wallis Budge）認為泥板是貨真價實的古物，於是購買了一批。當時牛津大學的亞述學教授亞齊柏德・塞伊斯（Archibald Sayce）總結了這些泥板的意義：「這單一考古發現打亂了許多博學的討論，當中有巧妙的理論，也有將信將疑的表現。」

隨後一八九一年到一八九二年期間，弗林德斯・皮特里在阿瑪納發掘出更多泥板，因而證實了大批泥板的出土地點正位於阿赫塔頓（Akhetaten）古城中心，幾乎可以確定是來自於某棟建築的地板之下，還有附近的結構，由印刻的泥磚可以辨識，該棟建築是「法老書簡之地」。在二十世紀初的前幾十年，德國與英國的發掘者在阿瑪納找到更多的泥板，總數達到三百八十二塊。這些泥板如今主要分布在各大博物館的館藏中，包括大英博物館、羅浮宮（Louvre）、柏林古代近東博物館（Vorderasiatisches Museum）還有開羅的埃及博物館（Egyptian Museum）以及一些歐洲和美國的博物館。大部分的發現來自於最初在阿瑪納的非法挖掘，而不是來自於科學開挖，因此有九成以上的泥板確切來源不詳。確切的年代也仍有爭議，不過大概橫跨十五年到三十年期間，從阿蒙霍特普三世（1391-1353 BC）大約第三十年起，延續到圖坦卡門在位第一年之前，大部分的年代都屬於阿肯那頓在位時（1353-1335 BC）。泥板大多刻著阿卡德語的某種方言文字，這是當時的通用語言，不過也有出現亞述人、西臺人（Hittites）、胡里安人（Hurrians，米坦尼王國）的語言。

檔案中大部分的文件都是外交文書，是埃及與西亞強權之間的通信，像是巴比倫尼亞（Babylonia）和亞述（Assyria），又或者是埃及與敘利亞和巴勒斯坦的附庸國之間的通信。這些泥板提供了吸引人的描述，讓人得以窺看埃及與這些國家之間的關係，雖然有極少數的信件來自於埃及的統治者，但大部分的信件都是由其他統治者寄過來的。詮釋之一認為這些書簡記錄了阿肯那頓統治時期埃及帝國的瓦解，這位所謂的「異端法老」沒留下多少軍事行動的紀錄，因此大家認為他忽略了外交政策，一心只想在埃及本土進行宗教與政治改革。另一種看法是我們剛好取得了阿肯那頓統治時期的文件，新王國早些或晚些時候的類似檔案，如果有留下來的話，可能也會有來自受圍困的敘利亞—巴勒斯坦（Syro-Palestinian）城市，同樣迫切地懇求協助。換句話說，我們對於埃及如何影響敘利亞—巴勒斯坦的看法，可以說大部分都是根據埃及人自己對於戰役及勝利的描述，阿瑪納書簡中記錄的事件混亂狀態，其實可能是埃及「帝國」在新王國期間的常態，而不是暫時的反常現象。

另一個從阿瑪納書簡的翻譯與詮釋中浮現的爭議是亞皮魯人（'Apiru）的身分。許多來自敘利亞─巴勒斯坦附庸國的泥板，都提到一群叫做「亞皮魯人」的民族，在西元前兩千紀之際，似乎遍布近東地區。由於書信一開始的翻譯把亞皮魯人的名稱拼做 Hapiru 或 Habiru，《聖經》學者立刻著手探討，這是否為首次提到希伯來人（Hebrews）的紀錄。有些人甚至很具體地把亞皮魯人攻擊的紀錄跟約書亞侵略迦南的描述連在一起。然而目前沒有任何決定性的證明，能證實亞皮魯和伊伯里（Ibri，希伯來）的種族名稱在語源學上有關聯，我們甚至不清楚，亞皮魯是指種族團體、社會團體還是經濟階級（又或者以上三者皆是），有評論家認為這個名稱跟「社會型盜匪」同義。正如約翰．勞克林（John Laughlin）所說，「可以很肯定地說，並非全部的亞皮魯人都是希伯來人。至於希伯來人究竟是否曾經是亞皮魯人，目前仍然是個有待研究的問題。」

這些書簡除了讓人了解當時的政治局面，也解釋了貿易關係和特定商品的價值，例如玻璃、黃金，還有新傳入的鐵。信中使用的不同形式稱呼，則顯示出書寫者與埃及宮廷相對應的地位。書信曾經用在研究阿瑪納時代的國際法這類議題，像是「外交信號」，還有青銅時代晚期外交人員和統治者的「社會心理」分析。

除了這類新近的文本詳細分析，阿瑪納泥板也接受岩相分析，檢驗其中真正的黏土組成，並且跟多處遺址的地質學比較，包括地中海、近東和北非，試著找出這些書信的寄出地點。利用這個方法，以色列地質學家尤瓦爾・葛倫博士（Dr Yuval Goren）解決了阿拉夕亞（Alashiya）王國所在地的疑問，這個王國關係到銅的供應，包括供給埃及和其他的國家，可能位於賽普勒斯、西里西亞（Cilicia）、敘利亞西北部，或者甚至在以色列南部。大英博物館有八塊阿拉夕亞書信，其中之一的結構看起來非常不一樣，這表示不同於大部分的泥板，可能不是埃及製造的當地文件，大概是用古賽普勒斯本地的黏土製成的原始書信之一。由略帶粉紅色的泥灰質粘土製成，內含許多綠泥石與粗粒玄武岩碎片，表示這些黏土取自特定某種地區，主要全是火成岩。葛倫發現這一點有助於縮小選擇，可能是賽普勒斯的特羅多斯山（Troodos massif）、安那托利亞的基祖瓦納（Kizzuwatna）或敘利亞西北部的比亞巴新（Biabashin）地區。接著他可以先排除基祖瓦納，因為那裡的統治者是埃及的勁敵、西臺人。第二個刪除的是敘利亞西北部地區，因為那裡的地質似乎太過多元，不符合要求。另外一方面，在賽普勒斯有個地區，許多方面都符合證據。在地質上，可能的地區位於粗粒玄武岩的特羅多斯山和島上相鄰的泥灰質地帶，能提供混合粗粒玄武岩和泥灰質的粉紅色黏土，就像泥板一樣。有意思的是，賽普勒斯這個地區也是銅的產區，從青銅時代中期開始就是。賽普勒斯一直是阿拉夕亞可能地點的熱門人選，葛倫的分析似乎為這個理論提供了良好的科學證明。

雖然大部分的阿瑪納檔案都是書信，其中也有三十二塊其他種類的文本，似乎與國際外交沒有直接關聯。這些泥板大概跟抄寫教育有關，還有翻譯本身的過程，包括像字典般的阿卡德文和埃及文列表、音節符號表片段，還有幾個抄寫練習題和文學作品。因此我們不但有王室之間的通信資料，還有一些證據，能證實用來書寫和翻譯書信的抄寫活動。

皮特里的新種族及其他糗事

埃及文明的全貌持續調整重組，能定期讓較早的發現受到重新檢視與詮釋，有時候相當徹底地從根本上重新解釋。雖然發現達巴廢丘濕壁畫與阿瑪納書簡的情況相當不同（在年代上相隔將近一世紀），兩者都很快獲得認可，是公認的重大發現。然而有許多重大發現的例子，一開始就被完全誤解，或是被視為不起眼的東西，一直要到發掘很久之後，才受到認可是相當重要的證據來源。

起初完全遭到誤解的重大發現，有個好例子，令人訝異地來自於著名的皮特里的職業生涯。一八九五年發掘納卡達墓地時，他發現幾乎所有的墳墓都由長方形的坑組成，有時候坑會鋪磚，裡面有一具或更多屍體，呈現胎兒姿勢，放在蘆葦墊上，頭朝向西方。偶爾有些屍體似乎在下葬前經過刻意肢解，也有些跡象顯示出活人獻祭。陪葬品的數量不等，通常會有陶器、石器、雜砂岩調色板、火石刀、串珠、手鐲、小雕像。

皮特里立刻承認這些跟一般的埃及墓地非常不一樣，然而他的結論是，這屬於來自埃及之外的「新種族」，大概在古王國末時侵略埃及。結果他錯得離譜，在年代順序上和種族上全都錯了。在皮特里看來，這個錯誤最令人難堪之處其實是因為他的勁敵之一雅克・德・摩根，想到了正確的解答，他發掘了在阿比多斯（Abydos）一組類似的墳墓。埋葬在納卡達墓地和阿比多斯墓地的民族不同，不是因為他們是「新種族」，而是因為他們是史前晚期的埃及人，在法老時期之前就有悠長的文化，直到此前幾乎無人知曉。

彷彿是要彌補他犯下的重大錯誤，皮特里著手利用納卡達的材料，發展出巧妙的「序列年代測定」方法，形成了第一部前王朝年表的基礎，許多人評價這是他最偉大的成就之一。（圖4）

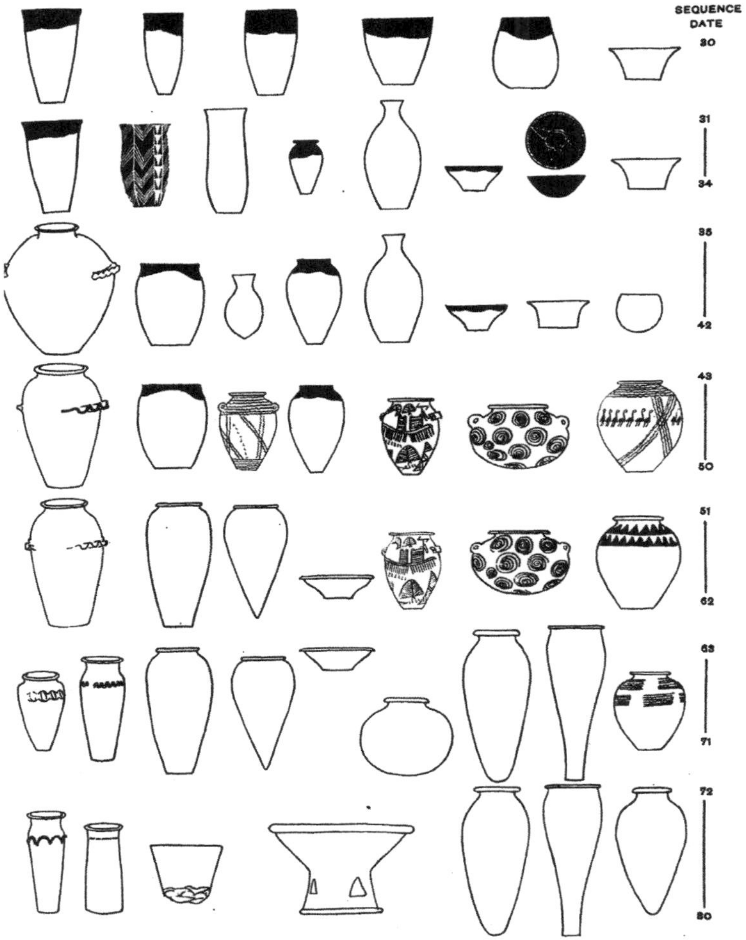

圖 4　前王朝時期的陶器，弗林德斯・皮特里的序列年代測定的一部分。（資料來源：From W. M. F. Petrie: Diospolis Parva [London, 1901]）

反之在埃及某些最出名的發現，未必對我們的埃及觀點有什麼重大的影響。例如霍華德．卡特（Howard Carter）發現圖坦卡門之墓，顯然對於一九二〇年代之後的古埃及公共意識影響重大，但是除了提供令人心馳神往的一瞥，讓人首度窺見各種奢華的用具，想像過去這些必定是更有名、更長壽法老陵墓中的必備品，例如阿蒙霍特普三世、拉美西斯二世，除此之外，對於真正的新歷史資料貢獻並不大。卡特最大的成就，可以說是喚起了大眾對於埃及考古學的注意，提升到高出許多的層次，但是墓中的內容物並沒有把這門學科帶往任何新方向，也沒有改變任何一項重大歷史爭議的觀點。墳墓當然可以說是考古史上最令人興奮的發現了，墳裡的物品也帶來越來越多的資訊，讓我們更了解西元前十四世紀時各個方面的技術——不過，這些對埃及學家來說卻遠遠不夠……

埃及學欣然接受科學

由於創新方法的使用增加了，在調查、發掘和分析上，專業的考古學家開始需要至少略懂一些科學專業，像是生物人類學、地質學、遺傳學、物理學。埃及學拓展的過程替這門專業增加了實力，這些不同的學術領域各個都提供了新的刺激來源，還有未來研究的新方向。

在卡特那個年代，科學才剛開始對埃及學產生影響，主要是一個名叫奧福雷．盧卡斯（Alfred Lucas）的人，在圖坦卡門之墓發現的四年內，他發表了第一版的《古埃及的素材與生產製造》（*Ancient Egyptian Materials and Industries*），這本書精彩概述了埃及素材和工藝品的殘存證據。盧卡斯是一名在開羅工作的化學家，能接觸到埃及博物館裡的許多素材，讓他得以針對十九世紀中葉以來發掘的大量重要素材，發表資料、化學分析和文獻參考資料，其中包括來自圖坦卡門墓中的物品。

過去五十年來，古埃及研究有兩方面一再受到科學影響。首先，考古紀錄上某些先前認為相對無關緊要的部分，例如土壤或種子，開始跟較為傳統的發現像是雕塑、紙莎草一樣，能夠產出同樣多的資訊。再來是科學技術的應用，能讓傳統類別的證據透露出更多的資訊。木乃伊不必只是解開裹布，檢視外觀，如今可以用X光、用電腦斷層掃描，有各式各樣的方法，想了解某個相關的人類或動物，DNA（去氧核糖核酸）樣本可以揭露更多的本質及特性。文物研究不再只針對形狀、尺寸、裝飾，也可以去探討製作的素材種類：來自何處、如何取得，又用了哪種技術將素材轉變成葬儀物件。的確，素材取得與製作過程的整體問題，在過去二十幾年來，已經成為古埃及研究中更常探討的一部分。

關於納爾邁調色板的起源，地質學與考古學能透露什麼？

納爾邁調色板以某種岩石雕刻而成，地質學上稱之為雜砂岩（不過往往被誤認為片岩或板岩），這種岩石廣泛應用在製作前王朝時期的許多文物。到了早期王朝時期，這種多用途的素材甚至也用在雕刻，包括第二王朝統治者卡塞凱姆威（Khasekhemwy）的坐姿雕像，在希拉孔波利斯的納爾邁調色板附近發掘，現存於開羅的埃及博物館。

古埃及唯一品質良好的雜砂岩來源地點在哈瑪瑪特旱谷（Wadi Hammamat），位於東部沙漠中心，在尼羅河谷城市古夫特（Quft）和紅海港口古塞爾（Quseir）之間。採石場已經運作了數千年，從前王朝時期一直到羅馬時代（約4000 BC-AD 500），數百則石刻碑文與許多採石加工，沿著旱谷散布綿延十六公里，在阿特拉旱谷（Wadi Atolla）交會處以西。過去一世紀以來，這處遺址有許多考古學家和埃及學家研究過，不過大部分往往著重在碑文，而不是考古遺跡或岩石藝術。有一道巨大的羅馬時期（Roman period）採石工坡道在旱谷南側，由下往上，在旱谷北側的地面上則是小區域聚落的遺址，目前看來年代大約在西元前一千紀中期以後。

目前該遺址的地質考古學探測是由伊莉莎白・布洛克森博士（Dr Elizabeth Bloxam）主持，不只選擇更加著重遺址上所有的時期，也率先採用全方位取向來檢視整個哈瑪瑪特旱谷，讓文字資料以及考古材料的研究，能在全面的空間與年代先後關係背景中進行。在法老時期，採石場開採的雜砂岩用來製作大型物品，像是石棺、內殿和雕像（圖5），不過還有更早期的重要開採階段，至少從西元前四千紀起，這些石材就用在製作比較小型的文物，特別像是串珠、手鐲、石器和儀式調色板，其中當然就包括了納爾邁調色板。

遺址上最早的採石時期先前並未得到研究，只有在一九四九年由費爾南・德波諾（Fernand Debono）進行了少量的調查與發掘。他率先調查了埃及的東部沙漠，研究了包括前王朝墓地與聚落在內的一些東西，零星分布在哈瑪瑪特旱谷延伸一百五十公里的範圍內，不過這項工作只有部分發表。二〇一〇年時，布洛克森的團隊決定找出前王朝與早期王朝的採石場，還有相關的工作坊。起初他們唯一的線索是一張德波諾拍的照片，照片中是他在比哈瑪瑪特（Bir Hammamat）

圖 5　第四王朝統治者孟卡拉（Menkaura）的三位一體雜砂岩雕像，分別是左側的哈索爾女神（Hathor），還有右側的豺狼人形化身，約西元前 2460 年（開羅埃及博物館）。（© Elizabeth Bloxam）

地區發掘的早期工作坊和聚落。攝影地點非常難以辨識，直到偶然發現由德波諾本人留下來的岩刻塗鴉，讓他們得以辨識出工作坊，就在幾碼遠之處的礫石平台上。接著他們也在旱谷邊緣稍微高一點的地區，找到一個比較小但保存較完整的工作坊，在那裡製造的有手鐲和調色板，還有幾塊陶器碎片，年代可追溯到前王朝晚期（約 3500-3000 BC）。他們發現好幾塊雜砂岩盤狀物，有部分已經做成手鐲的模樣，還有兩塊調色板的粗胚，可以明顯看出工作坊裡有各式各樣的工具用來製作成品。燧石石刀、月牙形鑽頭，還有矽化的砂岩穿孔器和研磨器，都屬於匠人使用的整套專門石器，大多是進口的。不論是以原料的形式進口，或是已經做成工具組，這些工具只有可能是由外地人帶進工作坊的，因為這種質地的燧石和矽化砂岩沉積物，並不屬於本地遺址。這項新證據提供了引人入勝的觀點，讓人更了解在前王朝時期，地方與地區專業工匠的移動程度。

不過德波諾並沒有找到任何一座供應工作坊的早期採石場——究竟在哪裡呢？布洛克森團隊在進行採石場地區的調查時，發現了一個有用的實作技巧。要想在哈瑪瑪特的地形迅速移動，必須爬上山脈稜線跟主要旱谷鄰接的地方，而不是在無止境的小塊旱谷地中費力跋涉，緩慢前進。看不清周遭地區很容易迷路，即使距離經常走的步道只有一百多碼也認不出來。團隊因此順從直覺，最初的採石工在遇到相同的移動問題可能也是如此，會把採石場的地點設置在山丘上，俯瞰主要的旱谷地，如此一來，不需要走下旱谷地也能到達工作場地。最後團隊發現了幾個最初的小型採石場，位於旱谷的高地處，那裡有各種切割好的粗胚，包括調色板、容器和手鐲，明顯表示雜砂岩是從山腰上開採出來的，用來製作這些前王朝與早期王朝的文物。早期的採石場通常是在陡峭的山坡上鑿出平台，打造出長度不到三十公尺狹窄的階地，每次最多大概只能容納十名工人。採石場之間由許多經常使用的山徑互相連接，即使在數千年後，大部分依然清晰可辨，表示採石工與工匠經常在高地地形中往返移動。值得注意的是，藝術岩板似乎大多位於次要的採石場入口處，再通往這些更高的地方，彷彿是路標一樣。

透過比較考古學對照數千英里遠的採石場——像是英國湖區的新石器時代綠

岩採石場，還有澳洲威廉山的原住民石斧採石場——布洛克森發現，古代採石工的選擇，往往與儀式、地景和社會相互聯絡等相關，而純粹地質上或運輸上的要素，卻也同樣重要。她是這樣說的：「我們不能捨棄這許多跨文化的例子，岩石藝術與採石有關聯，通常是作為人與人之間的交會點，標記出場所在象徵上、甚至是精神上的連結，這些是個人與團體會頻繁造訪的地方。」她強調早期的採石工——他們主要在哈瑪瑪特旱谷地上方險峻階地工作，熟練地鑿出納爾邁調色板基本盾狀粗胚——大概很可能是當地的親族團體，由專業工匠組成，取石造型，利用杵臼、斧頭、鑿子（取材自當地的雜砂岩，也有非本地的種類如燧石和矽化砂岩）來工作。出乎意料地，納爾邁調色板的產地似乎遠在尼羅河谷本地之外，負責製作的工匠或許是貝都因人（Bedouin），甚至可能根本不認為自己是古埃及人。

第三章

歷史

關於納爾邁調色板，最常被問到的基本問題之一，就是這項文物是否正如發掘者所認定，是某個特定歷史事件的紀錄：上下埃及首度統一王國的軍事勝利。調色板以及其他許多「上古王朝」文物，一直被視為是介於史前古埃及與歷史古埃及之間的存在。上古王朝一詞的發明，是為了描述包含前王朝晚期和早期王朝之始的這段關鍵時期，「前王朝」是指尼羅河谷漫長史前時期的最後幾百年，「早期王朝」則是指王朝或法老時期的最初幾世紀（詳見本書最後的年代表）。

發現納爾邁調色板的時候，大家對前王朝時期幾乎一無所知，因為一直要到隔年，弗林德斯．皮特里才發表了史前晚期的第一份編年架構，利用「序列年代測定」，根據前王朝納卡達墓地中的陪葬品文物式樣變化來判定（第三十八頁圖4）。這表示調色板的年代背景，在詹姆斯．奎貝爾和費德里克．格林看來，可能與現代研究者非常不同。如今大部分的埃及學家，都把這項重要文物看作是前王朝晚期文化長期進展的累積成果，包括有越來越多的裝飾調色板。但是當初的發掘者視其為史上首次出現真正的「文件紀錄」，幾乎像是神奇地從黑暗的史前橫空而出。調色板立刻開始被詮釋為埃及史上第一個真正重要歷史「事件」的紀錄：上埃及的統治者擴張，擊敗了下埃及（北方的三角洲區域）。

一九六一年時，英國埃及學家布萊安・艾默里（Bryan Emery）出版了《遠古埃及》（*Archaic Egypt*）一書，首度真正嘗試概述埃及的早期王朝。當時有大量的主要證據剛出土，大部分都是他本人、同時代的人或前輩所發掘的。當然也有大量的證據尚未出土，尤其是關於早期埃及國家出現之前數千年的文物。艾默里寫作之時，史前埃及就如同這門現代學科的其他許多方面，仍在發展初期。因此不意外地，他會不斷地向前查看法老時期，類推比較，好把他的主題定位為埃及文化發展中的某一特定階段。相較之下，近來關於埃及早期王朝的書籍文章，往往傾向於以前王朝晚期為基礎來發展。確實在二十世紀末的二十年期間，阿比多斯新發掘的早期墓地提供了新的證據，證明早在第一王朝之以前，就有個政治上／文化上統一的埃及存在。在阿比多斯前王朝晚期的「U墓地」（Cemetery U）中包括了權貴的陵墓，年代比納爾邁國王更早。墓中展現出埃及王權的某些要素（其中有個王室權杖，以象牙雕製而成），年代至少比第一王朝開始還早了一百五十年。

許多現代埃及學家都曾經應用明確的人類學方法，去研究早期複雜社會（complex society）裡國家的形成，但是對於艾默里那一輩的考古學家來說，「文化史」的方法仍是考古學的主要理論典範。在二十世紀前半葉，大部分的考古學家都認為文化變遷的發生，主要是因為人或觀念在文化或種族團體之間擴散，因此往往以大規模遷徙來解釋埃及的史前發展。

艾默里熱中於提倡一個看法，他認為埃及文明在西元前四千紀末之際興起，是由於所謂的王朝種族（或是「荷魯斯追隨者」）從美索不達米亞進犯的結果。然而如今由於我們的史前知識大有增長，還有近代發掘的前王朝和早期王朝遺址，尤其是阿比多斯的早期王室古塚、希拉孔波利斯的城市與墓地，都是非常具說服力的證據，顯示法老時代的發展與開創，大部分是埃及本地的現象，穩定並且幾乎不可避免地，源自於尼羅河谷裡前王朝晚期的社會、經濟與政治變遷。

詮釋早期的調色板與權杖頭——擷取神話與歷史

舊石器時代以來，在埃及的人就利用扁平的石塊當作調色板，研磨礦物基底的顏料如赭石和孔雀石。起初只是簡單的片板，用各種不同的石材製成，但是自前王朝早期（約 4500-4000 BC）之後，主要都由雜砂岩製成，取材自哈瑪瑪特旱谷（如第二章最後所討論的）。在前王朝早期，大家也開始製作造型特殊的調色板（一開始是長橢圓形，兩端各有一個切口），通常放在墓中，屬於葬儀用品的一部分，有時候也會搭配紅色或棕色的小圓碧石（jasper），大概是用來研磨。二〇一三年時，有兩塊沾染孔雀石和赭石的閃長岩調色板，從希拉孔波利斯前王朝 HK6 墓地的七十二號墓（tomb 72）中發掘出來，那是一座不尋常、極精巧的權貴之墓，年代大約在西元前三七〇〇年至三六〇〇年（圖6）。這個例子中的調色板不只搭配了小圓石，還發現三個獨特的象牙尖，承裝著黃色赭石。

我們不清楚在這些前王朝調色板上研磨的顏料，是用來上色、染色，裝飾製

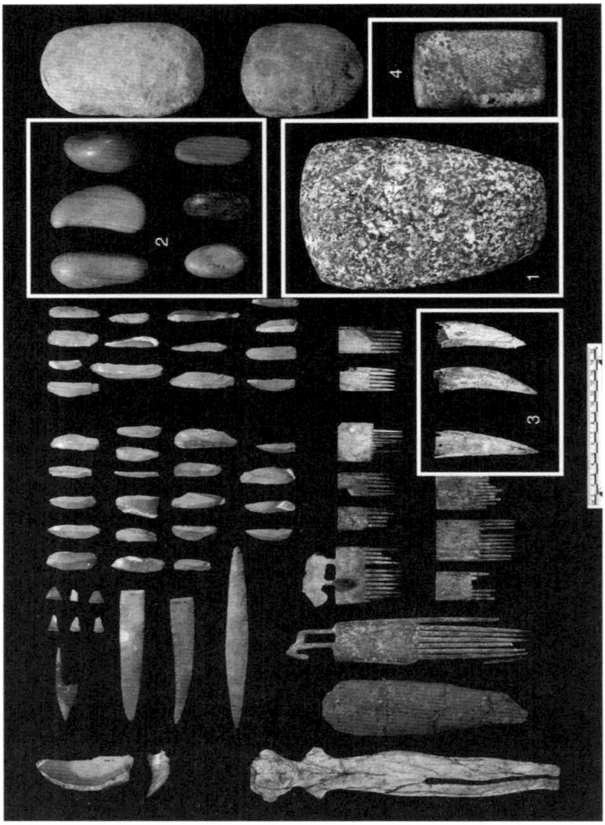

圖 6　前王朝編號 72 墳墓的陪葬品，位於希拉孔波利斯（年代是納卡達二期初，約西元前 3600 年），包括兩個閃長岩調色板（1&4）、研磨顏料用的小圓石（2）、用來承裝著赭石顏料的象牙尖（3）。墓地裡還有一個非常少見的早期男性象牙小雕像，如圖左下方所示。（照片拍攝：Xavier Droux，照片提供：the Hierakonpolis Expedition）

作陶器和早期的紡織品，又或者主要是當作化妝品，像是眼影之類的。這個年代使用化妝品的證據包括一尊赤陶土的小雕像，出自馬哈斯納（Mahasna）的一處墳墓，年代約是納卡達第一期（約 3800-3600 BC），雕像的眼睛似乎以綠色勾勒出輪廓。另外在阿達瑪（Adaima）的前王朝陵墓中，發掘出來的天然木乃伊身上也發現過孔雀石的痕跡。

前王朝調色板的造型很多，隨著時間而有所變化，從橢圓形的巴達里（Badarian）調色板，一直到納卡達第一期時大多是偏菱形（偶爾一端會刻有小圖案，像是鳥的形狀），納卡達第二期（約 3600-3350 BC）則有動物、魚類、鳥類的形式（圖 7）。有趣的是，這個年代墓穴中擺放的其他物品，在造型上也反映出動物形象的主題，像是石器、骨梳或象牙梳。在納卡達三期（約 3350-3000 BC），也就是前王朝時期的最後一個階段，恢復成偏向幾何的造型，尤其是簡單的長方形。這些後期的調色板表面雕刻了各種圖案，例如有塊從阿姆拉（el-Amra）墓穴出土的調色板（大英博物館編號 35501），上面的雕刻就結合

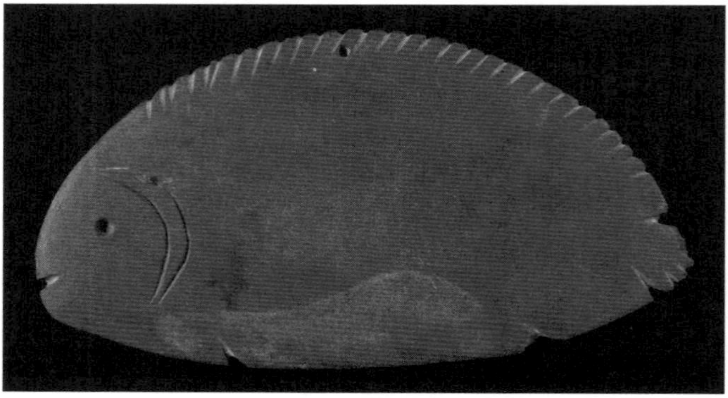

圖 7　魚形的前王朝雜砂岩調色板，年代是納卡達一期，約西元前 3800-3500 年（大英博物館編號 EA57947）。（© The Trustees of the British Museum）

了兩個早期象形文字（符號由兩個相對的箭頭重疊組成，代表曲柄手杖或權杖），通常被詮釋為代表埃及神「敏」（Min）的符號。這些裝飾相對簡單的調色板，或許可以看作是納爾邁那類比較大型、偏儀式用調色板的早期原型。儀式用調色板的出現始於納卡達三期，往往主要與神殿背景有關，而不是墳墓。目前為止發現了二十五塊以上，上面的裝飾跟儀式用的權杖頭、象牙刀柄比較有關聯，跟葬儀調色板比較無關。

奎貝爾與格林在希拉孔波利斯發現了好幾塊重要的敬神調色板，包括石灰石碎片，碎片來自一個梨形的大權杖頭，就像納爾邁調色板一樣，也刻有象形文字符號，拼出納爾邁的名字。這個「納爾邁權杖頭」上面似乎並不是好戰的場景，而是明顯與王權有關的早期儀式，有些研究者認為是某種稱作「ḥ'ty-bity」儀式的第一個例子，也就是「下埃及國王出現」。還發現了另外一個石灰石權杖頭的碎片（如今收藏在牛津的艾希莫林博物館，Ashmolean Museum），上面也裝飾著凸起的浮雕場景，包括一個人頭戴著上埃及的白冠。這個人是權杖頭上最大的肖像，一旁的表意文字似乎指出他是蠍子王（King Scorpion），可能是納爾邁之前在位的人。蠍子王的肖像抓著一把大鋤頭，一旁的僕人伸手拿著籃子，或許是為了接住他從地面上鏟起的泥土。蠍子王與僕人似乎站在臨近某種水道的地方，因此有人認為他正在隨從的協助下，進行灌溉運河的開挖儀式。這個詮釋雖然常見，但未必是經過證實的定論，不過因為如此，蠍子王權杖頭經常被當作重要的證據，用來證明一項假設：埃及國家及其特有的君主式政府，是由於權貴團體治水而出現的。

加拿大埃及學家尼克．米勒（Nick Millet）認為，西元前四千紀末與三千紀初之際，儀式用調色板與權杖頭上的圖像和文字，並不是用來描述歷史事件本身，只是單純用於紀念，記錄特定的時間點。他認為納爾邁權杖頭上的場景，就像是巴勒莫石碑上的簡短清單，依年分列出諸位早期在位國王舉行過的儀式（Palermo Stone，是第五王朝玄武岩大型石碑的一部分，記錄了幾位早期埃及統治者的當政，在下面講到大事年表的地方會詳細討論）。

我們在分析像納爾邁調色板和權杖頭這類物品上的場景及文字時，通常會因為現代的想法而變得更加複雜，因為我們想去區分「真實」事件和儀式。但是古埃及人並不傾向堅持去區分這兩者，我們的確可以說，法老時期的埃及意識型態——尤其是在與王權相關的範圍內——依賴於維持某種程度上的混淆真實事件和純粹儀式或魔法行為。形成埃及歷史基礎的文字與文物，傳達出來的資訊通常既普遍（神話或儀式的）、又特殊（歷史的）。而我們建構埃及歷史敘事的目標，往往是要儘可能清楚地去區分這兩類資訊，要去考慮到古埃及人模糊這兩者之間界線的傾向。

關於儀式、象徵和歷史事件的討論，在一九九〇年代末有了吸引人的轉折。有個德國發掘團隊重新調查了在阿比多斯的早期王室墓地，在B16墳墓（tomb B16）發現了一個幾乎完整的象牙標牌，上面裝飾的圖樣跟納爾邁調色板上有一部分非常相似（圖8）。就像其他大部分殘存的例子，出自早期王朝的王室墓地和前王朝晚期權貴在U墓地的陵墓，這類標牌是用來辨識墓地中放置產物的品質、數量和送達年分（通常是裝著進口油品的容器）。右上角有個小洞，是用來把標牌繫在容器上的，銘刻的象形文字下方雙線，標示出內容物是「上等油品三百單位」。

不過跟我們的討論最相關的，是這塊納爾邁標牌上方的銘刻線條，因為跟納爾邁調色板上的重擊場景很相似，只是在這個例子中，圖像轉變成某種象形文字句子，包含了納爾邁的名字，出現兩次，一次在右手邊的塞拉赫王名框中（就像在調色板上一樣），一次在碑文的中間，不過這次加了兩條手臂在nar（鯰魚的

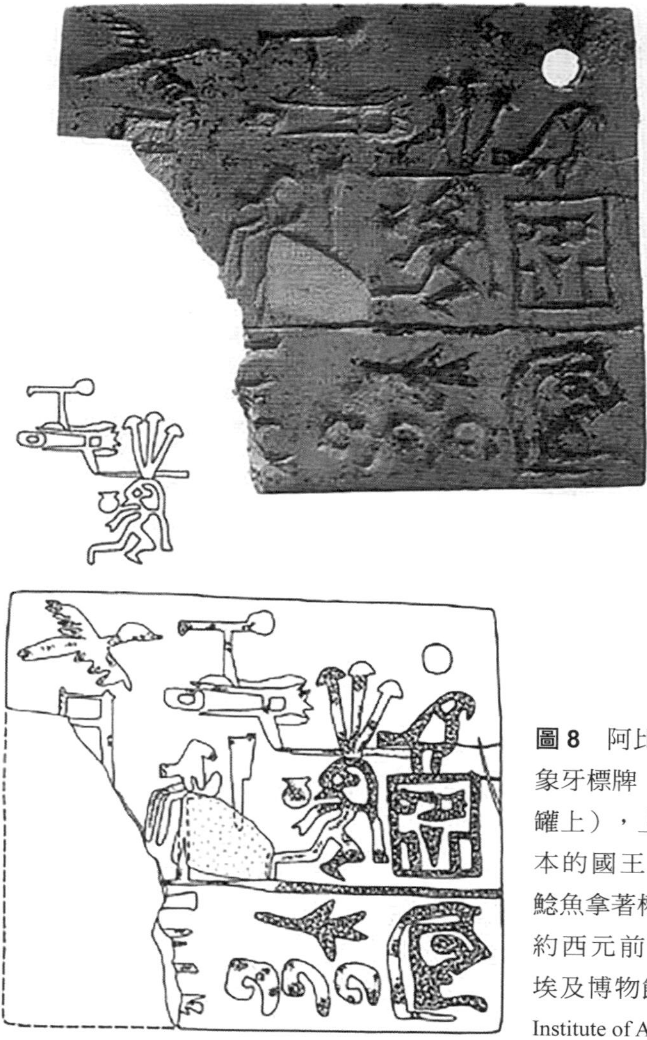

圖 8　阿比多斯 B16 墳墓的象牙標牌（原本大概附在油罐上），上面刻有動物化版本的國王納爾邁，是一隻鯰魚拿著權杖重擊外邦人，約西元前 3000 年。（開羅埃及博物館）。（© German Institute of Archaeology, Cairo）

符號）這個象形文字上，好讓它可以一手揮舞權杖，另一手抓住一個蓄鬍的外邦人。

外邦人的頭上冒出植物（就像調色板上隼神荷魯斯抓住的俘虜簡圖），左邊有個小型的「碗狀」象形文字。左上方有隻禿鷹，盤旋在一個長方形上，或許代表著王宮，前方有以隼為頂的王室旗。這可以很合理地詮釋成句子，「利比亞沼澤地人遭荷魯斯納爾邁重擊，慶祝王宮（勝利）。」由於據推測這裡標示出國王在位時的確切某一年，就像其他標牌的功能一樣，因此標示的年分似乎有可能與納爾邁調色板上的場景年分相同。

此外，在希拉孔波利斯發現了一個象牙小圓柱，上面有著納爾邁的名字，可能也屬於他在位時的同一年，因為圓柱上有鯰魚重擊三排外邦俘虜，被認為等同於 tjehenw（通常譯為利比亞人）。

整體來說，標牌、圓柱和調色板似乎都證實了米勒的想法，認為標牌與其他敬神物品上的裝飾，都是描述某位國王統治具體某年的資訊。標牌的發掘者是德國埃及學家鈞特·德雷爾（Günter Dreyer），他認為結合這些證據可以證明，納爾邁擊敗北方人／利比亞人是真實的歷史事件，不過這種評估似乎太過倉促。另一種假設是，我們如今只是有了同一事件的三份紀錄，但還是不知道那究竟是真正歷史上的軍事勝利，還是純粹的王權儀式，沒有現實基礎，又或者甚至是儀式性重演某些之前真正的勝利。

埃及歷史是什麼？

古埃及史學家有時候會用現代的觀念和範疇，試圖去詮釋埃及的資訊來源，但那些對於古代作家毫無意義，也毫無關聯。通常人稱「歷史」的古埃及文本，原本創作時的功能總是非常不同，因此如果想從中取得真正的歷史資料，就必須小心詮釋。大部分埃及人所寫的所謂歷史文本，主要是關於保存及傳播國家傳統，或是為了滿足特定的宗教、葬儀作用，而不是試圖要呈現出對過往的客觀描述。古埃及人本身呈現出來的過去，可以視為是對延續與改變的「慶祝」。

即使是埃及王室的敘事，像是卡摩斯（Kamose）的兩個石碑（約 1555-1550 BC），描述第十七王朝時對抗西克索人的戰役，還有圖特摩斯三世（Thutmose III, 1479-1425 BC）的年鑑，概述了第十八王朝時在敘利亞—巴勒斯坦的軍事行動。這兩者都是神殿不可少的一部分，因此與據傳由希臘史學家希羅多德所創立的真正歷史傳統，差異很大，因為石碑包含了高度的象徵手法與純粹儀式。在埃及的墳墓和神殿裡，牆上碑文和浮雕的內容往往與象徵、靜止的神話世界有關，更勝過與歷史的關聯。大家很容易會把神話當作某種形式的「原始歷史」，但真實情況很少是這樣。唐納．瑞福精闢區分了埃及神話和歷史：

那些意義（也就是神話的意義）跟發生在過去無關，反而是跟現代的重要性有關……替父親討公道的荷魯斯、舉起天空的神祇舒（Shu）、遭到謀殺的奧西里斯（Osiris）——這些全都是原初事件，永不過時、永遠存在，不論是國王或祭司，重現這些事件也不能說是在扮演歷史角色，或是在紀念「歷史」。

埃及年代學的基礎是什麼？

少了編年架構的某些形式，歷史不過就是一團沒有組織的資料。埃及學家運用許多方式，替古埃及創造出架構，利用錯綜混合的考古資料（像是不同裝飾風格的棺材）、文本（像是「年鑑」和「國王列表」）、古代天文觀測和科學年代測定方法（像是放射性碳定年，還有比較少見的熱發光定年）。

埃及學家使用「王室年鑑」（royal annals）一詞來描述一些古埃及文本，這些文本要不是列出一連串統治者的名字和稱號（通常稱為「國王列表」），就是呈現出事件的資訊，包括發生的具體統治期或甚至是期間的各別年分。幾乎所有現存的例子都與宗教或葬儀有關，其中有許多——尤其是只有名字和稱號的簡單列表——與讚頌王室祖先的宗教崇拜有關，藉由定期供奉前任名單，每個國王各自建立起繼任的正當性和地位，殘存下來的年鑑有許多形式，大部分的年代都可追溯到新王國，不過最早期是所謂的巴勒莫石碑，這個玄武岩石碑的一大塊碎片如今在西西里的巴勒摩考古博物館（Palermo Archaeological Museum）裡，年代可追溯到第五王朝（約 2494-2345 BC）。

巴勒莫石碑兩面都刻有象形文字，描述前五個王朝國王的統治，也包含更早神話中統治者的年代。原本完整的石碑據估計大約有二．一公尺寬、〇．六公尺高，還有六塊比較小的碎片殘存（五塊在開羅的埃及博物館，一塊在倫敦大學學院的皮特里博物館〔Petrie Museum〕）。這七塊碎片大多呈現出第一王朝和第四王朝的統治者，我們不知道石碑原本的出土地點，因為一八六六年最大塊的碎片出現在古董市場上時，來源已不可考。文本從數千年前神話中的上下埃及前王朝統治者開始，一直到荷魯斯神的年代，據說祂後來將王位傳給美尼斯

（Menes），古埃及人視其為法老時期的第一個人類統治者。完整的石碑原本列出了美尼斯的繼任者，一直到第五王朝早期。文本分成一連串的水平格層，由直線分隔開來，上方向內彎曲，代表著即位年分的象形文字「renpet」。每一格包含了當年重大事件的簡短列表，也記錄了尼羅河年度洪水的高度。紀錄上的事件大多是宗教慶典、戰爭，還有特定雕像的製作：其實沒透露多少歷史，反而大多是關於早期王室宮廷和王權觀念的出現。相關統治者的名字會寫在該格區塊的上方，令人灰心的是，明知道曾經有紀錄詳細描述每一任的統治者，一直到第五王朝末為止，還包括他們在位期間長短，如今我們卻只能掌握片段。另一套類似的古王國年鑑叫做南薩加拉石碑（South Saqqara Stone），於一九三〇年代發現，曾被重複利用，當作安赫森佩皮（Ankhesenpepi）女王的石棺蓋。南薩加拉石碑上的文字列出第六王朝幾位統治者的大事記，大概是在佩皮二世（Pepi II）在位期間銘刻的，不過重新利用石板時，抹除了大部分的記號。

另一個吸引人的殘存碎片是拉希納日誌（Mitrahina day-book），原本是古王國的浮雕塊，幾個世紀後上面銘刻了已知最早的中王國王室年鑑例子。這部分年鑑描述了第十二王朝法老阿蒙涅姆赫特二世（Amenemhat II）在位兩年期間的片段，後來重新用在新王國的普塔（Ptah）神殿西入口，靠近現代的拉希納村（Mitrahina），屬於古代首都城市孟非斯（Memphis）遺址的一部分。不同於巴勒莫石碑與南薩加拉石碑主要是概述幾位國王統治期間，每年發生的儀式事件，拉希納碑文提供了相當詳細的資訊，包括軍事行動和貿易遠征的簡短報告。

除此之外，還有好幾個「國王列表」的歷史遺跡，來自宗教及葬儀背景，每個都包含了簡單的統治者列表，並且全都是在新王國時期匯編而成。有兩個分別刻在阿比多斯的塞提一世（Seti I）神殿和拉美西斯二世神殿（前者還留在現場，後者現存於大英博物館），另一個在圖特摩斯三世統治期間，刻在卡奈克（Karnak）神殿（現存於羅浮宮）。另外其他幾個國王列表則是墓穴牆上的裝飾，包括兩個第四王朝和第五王朝的國王列表，出現在吉薩的第五王朝早期的馬斯塔巴平頂墓穴（mastaba-tomb）中。所謂的薩加拉王表（Saqqara Tablet，現存於開羅的埃及博物館）來自於圖納若伊（Thuneroy）的陵墓，他是拉美西斯二世的高級官員。有位第十八王朝祭司名叫阿蒙麥西斯（Amenmes），他的墓地位於底比斯（TT373，約 1300 BC），墓裡有幅場景是死者向之前十三位統治者的雕像致敬。

這類「國王列表」體裁只有一個例子是以僧侶體（hieratic）文字寫在莎草紙上，因此在本質上可以算是文獻檔案而非儀式用——那就是杜林莎草紙（Turin Papyrus，又稱杜林王室正典〔Turin Royal Canon〕），如同兩個石刻象形文字的例子，紀錄的年代可以追溯到拉美西斯二世在位時期。文本不只列出長串的統治者，也列出每一任確切的在位期間，偶爾也提供概述，列出自美尼斯之後又經過了多少年。一八二〇年時，義大利外交官暨古董收藏家貝爾納迪諾·德羅韋蒂在路克索（Luxor）買下這份莎草紙，現存於杜林的埃及博物館（Museo Egizio）。德羅韋蒂購買的時候，這份莎草紙顯然仍舊幾乎是完整的，但在納入杜林的館藏之前，嚴重受損，目前幾乎呈現碎片狀。

過去兩個世紀以來，透過眾多埃及學家的努力，從商博良到亞羅米爾・馬利克（Jaromir Malek）和金・賴侯特（Kim Ryholt），讓杜林王室正典的大量碎片得以歸位，雖然還是有許多缺漏。原本一定包含了將近三百個名字，甚至也包括第二中間時期亞洲「西克索人」的統治者（不過有標示指出他們是外邦人，名字的周圍也沒有王室象形繭〔cartouche〕圍繞著），最後結束在拉美西斯二世。就像巴勒莫石碑，這份列表試圖回溯到目前已知的國王統治之前，並且定出無名神靈的在位期間長短，據說在第一任法老來臨之前是由他們在統治。

還有幾個更為簡短的國王列表，背景與媒介各有不同，像是哈瑪瑪特旱谷採石場的岩刻塗鴉，依古文字分析判斷年代可以追溯到第十二王朝（1991-1783 BC），內容包含了第四王朝五個國王與王子的名字（圖9）。一九八五年與一九九五年時，德國考古學家分別在阿比多斯的Q墓地和T墓地（tombs Q and T）發掘出兩個早期王朝的封印，上面短短銘刻列出第一王朝統治者名字，其中一個依序列出六位統治者如下：納爾邁、阿赫亞（Aha）、哲爾（Djer）、傑特

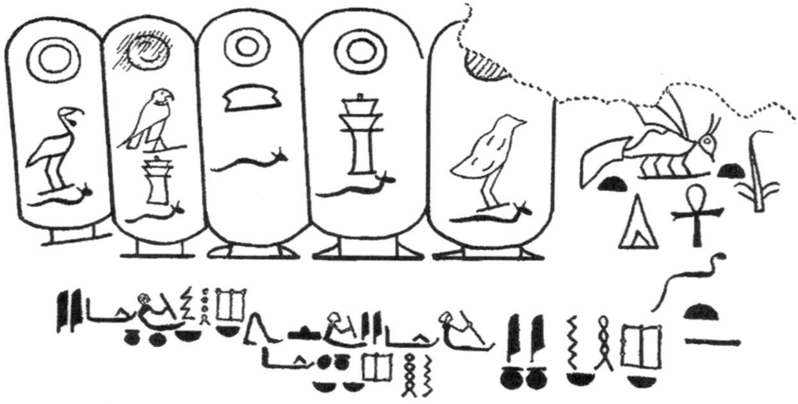

圖 9　哈瑪瑪特旱谷的國王列表：岩刻，依古文字分析年代是中王國，發現地點在哈瑪瑪特旱谷的法瓦希爾旱地（Wadi el-Fawakhir）。上面有五個王名和簡短的祝禱文，五個名字由右到左為：古夫（Khufu）、雷吉德夫（Radjedef）、卡夫拉（Khafra）、霍德杰夫拉（Hordjedefra）、鮑夫拉（Baufra）。（資料來源：E. Drioton in 'Une Liste des Rois de la IV Dynastie dans l'Ouadi Hammamat', Bulletin de la Société Français d'Égyptologie 16 (1954): pp. 41-9. Courtesy of Société française d'égyptologie）

（Djet）、登（Den）和美爾奈茨（Merneith），因此這提供了關鍵的證據，證明納爾邁調色板上的國王，大概是第一王朝統治者中最早即位的。而所謂的吉薩國王列表（Giza king-list）是一塊石膏覆蓋的木頭寫字版，發現地點在古王國馬斯塔巴平頂墓穴編號 G1011 旁的坑洞，現存於波士頓美術館（Boston Museum of Fine Arts），上面刻著六位不同王朝的古王國統治者名字。

最後，最詳細的歷史資料是《埃及史》，由希臘化的埃及祭司曼涅托在托勒密王朝（Ptolemaic times）早期（西元前三世紀）編纂而成。可惜的是，這部資料僅存引用的摘錄，出自較後期的史學家如約瑟夫斯（Josephus，西元一世紀）或喬治．辛斯勒（George Syncellus，西元九世紀初）。曼涅托顯然有埃及的資料可以參考，像是上述的王室年鑑，也可以查閱希臘的歷史文本。他寫作這部歷史（獻給托勒密二世）的時候，大概在塞本尼托斯（Sebennytos）神廟任職，就在三角洲上今日的薩曼努德（Samannud）附近。他把人間（也就是神話之後的）統治者依序分成三十個王朝（第二次波斯統治時期是後來加上去的，成為第三十一王朝），對於十九世紀初期以來的傳統埃及年代學影響重大。

然而隨著埃及的歷史與考古資料不可避免地擴張、多樣化，有了新文本的翻譯和新遺址的發掘，任誰都能看得出來，曼涅托的年代體制有個致命的缺陷——他的基礎假設是埃及的統治者依順序統治整個國家，在位期間既沒有重疊，也沒有分裂成小型的王國。但是過去這些年來的研究逐漸顯示，不同年代的埃及並非都是文化統一，政治上也未必都是中央集權，在不同地區變遷發生的速度各不相同。其他的分析顯示，經常被視為歷史首要因素的短期政治事件，在歷史上的重要性可能往往比不上社會經濟逐漸變化的過程，以長期來說，更能對文化景觀造成重大的改變。

事實上，傳統的年代學有幾個主要問題。首先，曼涅托編寫的歷史往往不可靠，因為我們只有殘存的引用片段，沒有完整的原文，而且我們也不清楚他的資料來源是什麼。第二是關於國王在位時間的長短往往沒有定論：例如杜林王室正典上，辛努塞爾特（Senusret）二世和三世分別統治了十九年和三十九年，但是在實際的紀念碑上，兩人紀錄的最高在位年限分別是六年和十九年。第三是所謂的「中間時期」有很大的問題，一度便宜行事的詮釋視其為費解的「黑暗時代」，不過後來逐漸開始了解，那其實是既複雜又重要的獨立年代實體。第四是關於前後統治期間的重疊（稱為同期攝政，coregencies）仍有相當大的爭議，尤其是在第六王朝和第十八王朝。最後，大部分的傳統年表都取決於古埃及文件上記錄的天文觀測，尤其是天狼星的「偕日升」（也就是每年恆星出現在地平線上的第一個早晨，就在日出之前）。

一九八〇年代時，大家開始意識到提到天狼星偕日升的現存文本中，隨著古代天文學家—祭司的觀測地點而定，絕對年代也會不同。某些埃及學家如洛夫．克勞斯（Rolf Krauss）認為，所有的觀測都是在同一個地方進行的，通常是在象島（Elephantine），這裡不只是最南邊的埃及城市（所以該地居民會是每年第一批看見偕日升的人），也是與測量年度洪水高度最密切相關的地方，這個現象通常與天狼星偕日升同時發生。其他學者如威廉．沃德（William Ward）則認為必定都是各地方的在地觀測，也就是宗教節慶的時間安排是依據天文現象，所以事實上在國內不同地方，發生的日子可能不一樣。有份來自拉罕（Lahun）的莎草紙（Berlin 10012）記載天狼星偕日升發生在辛努塞爾特三世在位時的第七年，通常認為換算成絕對年代是西元前一八七二年。然而如果是在象島進行觀測，絕對年代就可能晚至西元前一八三〇年，如果是在北方的城市孟非斯，就可能早至西元前一八八〇年。這兩個年代差異很重大——這差距還比西元前十九世紀古埃及人的平均壽命長了很多，即使是貴族男性，據估計大約也只有三十五歲的壽命（貴族女性則是三十歲，平均比男性早死，這是因為古代生產的風險所致）。

即使是最基本的歷史分期（也就是區分前王朝、法老時期、托勒密王朝、羅馬時期），也開始受到質疑。一方面一九八〇年代和一九九〇年代在阿比多斯的烏姆卡伯（Umm el-Qa'ab）墓地發掘成果顯示，第一王朝之前還有個第零王朝（Dynasty 0），年代可以追溯到未知的西元前四千紀前期。這表示至少「前王朝」的最後一、兩個世紀，在許多方面大概都已經算是政治上和社會上的「王朝」時期。

另一方面，大家逐漸發現，前王朝晚期的陶器類型到了早期王朝依然廣泛使用，這表示前王朝的某些文化層面也延續到了法老時期。埃及史前漫長的「前王朝」時期，必然要看作是一連串的文化而非政治發展，如今我們對王朝時期（還有托勒密時期、羅馬時期）的了解已經開始改變，不再只是傳統依序統治的各別國王和家族，而是一整個文化延續體，包含了逐漸改變的要素，像是製作陶器使用的黏土種類，還有許多其他各類文物的風格和材料。

法老時期與托勒密時期之間有著明確的政治終結，托勒密時期與羅馬時期之間也有，不過隨著後兩個時期的考古資料逐漸增加，開始產生一種情況，文化變遷的過程也許不像純粹的歷史紀錄所示，並沒有那麼突然。例如意識形態和物質文化顯然有很多方面，從托勒密時期就幾乎維持不變，不受政治動盪影響。與其說亞歷山大大帝和他的將領托勒密到來，代表著埃及歷史上的重大分水嶺，我們倒不如說，雖然肯定有些重大的政治變遷發生在西元前一千紀中期及西元一千紀中期之間，當時的社會經濟變化卻是相對從容的過程。法老時期的重要文明倖存了好幾千年，保存相對完整，一直要到西元六四一年伊斯蘭時期（Islamic period）開始的時候，才經歷了結合文化與政治的徹底改變。

放射性碳定年法在埃及年代學上的角色變化

第三王朝統治者左塞爾（Djoser）的階梯金字塔群裡有塊木片，在一九四九年時首度證實了放射性碳定年法的有效度，當時威拉德．黎比（Willard Libby）與詹姆斯．亞諾（James Arnold）發表了好幾個取自埃及與土耳其的樣本分析。簡單講，放射性碳定年法是借助活物在死亡後，會停止吸收環境中的碳，同位素碳十二的含量就會維持固定，然而具有放射性的同位素碳十四會以可預料的速率衰退，因此科學家可以評估考古紀錄中動植物或人類遺骸的年代，依據殘存的碳十二和碳十四含量比例來判斷。但是由於地球大氣中的放射性碳含量並非恆常不變（這項事實黎比和亞諾一開始並沒有注意到），原始的放射性碳年代全都必須經過校正，利用年代已知的長序列年輪放射性碳樣本，取自非常長壽的樹種，像是紅杉和刺果松。利用這種所謂的「校正曲線」來把放射性碳年代換算成真正的年代，表示科學家往往不會提供單一的絕對年分，而是表達在特定一段時間內，真正日期可能性的百分比。舉個實際的例子，在薩加拉的第十八王朝墓穴重新利用第五王朝的墳墓，墓中的石榴種子樣本產生的原始年代是迄今三千一百九十五年（也就是在西元一九五〇年前的三千一百九十五放射性碳年），以慣用術語來說，相當於西元前一二四五年。放射性碳年代經過校正後，得到六十八．二%的可能性，「真正的」絕對年代大約介於西元前一四九八年到一四三七年之間（很符合跟種子一起發現的其他第十八王朝陶器與文物的估計年代）。

儘管在放射性碳定年法發展初期時，埃及文物扮演了如此關鍵的角色，卻要到相對晚近的時候，埃及年代學才開始認真納入這類科學定年法。多年以來，古埃及史學家並未充分利用這項技術，不只因為誤解傳統年代學不需要科學幫助

（並且與傳統年代相比，放射性碳年代的誤差範圍過大），也因為比較實際的理由，大部分的研究者幾乎不可能取得官方同意，從埃及取出樣本來鑑定年代。因為埃及本土的放射性碳定年法設備很少，針對埃及素材有系統地進行放射性碳定年法的機會有限。儘管如此，二〇〇一年時四百五十幾件古王國及中王國的樣本獲得許可，有系統地以放射性碳定年法測定，以確認結果與傳統年代學的相關程度。測定結果耐人尋味，顯示出有相關也有不一致，但經過校正的新年代有何含意，起初沒什麼人去評估。大約十年之後，兩項大型的定年法計畫發表（一個在牛津，另一個在維也納）——不過引人注目的是，兩者的整體結果非常不同。

牛津的計畫是首次大規模應用所謂的「貝氏」（Bayesian）統計方法在埃及的放射性碳年代上，這個方法不只利用年輪年代學，為了增進校正的過程，也用上了其他全部各種背景年代學資料（像是各別國王的在位順序，還有傳統上估計的統治期間長短）。牛津團隊的結論是，在兩百多件放射性碳定年中（全都來自不耐用的素材，像是莎草紙，大部分取自非常可靠的考古環境），大致上都與傳統「最高」年代學相符，也就是傳統埃及年代學中，優先選擇稍早年代的那種說法。例如中王國，牛津以放射性碳為本的年代學似乎驗證了傳統的假設，辛努塞爾特三世在位期間觀測到天狼星偕日升的年代，大約是西元前一八七二年。

維也納計畫的結果比較有問題，他們使用的樣本取自曼夫雷德・畢塔克（Manfred Bietak）在達巴廢丘發掘的第二中間時期城市及墓地（詳見第二章），卻發現放射性碳年代與畢塔克自己的年代差異頗大。畢塔克是依據考古要素如地層學、陶器序列化、同步對照其他近東和地中海地區的年代時間次序。毫無疑問，放射性碳定年法終於開始對埃及的年代學和歷史產生比較重大的影響，但顯然仍有問題需要解決。（而且幾乎可以肯定與建構年表的傳統方法有關，而不是放射性碳年代的問題！）

歷史變遷與物質文化

現代埃及學家使用最有效的定年方法之一，就是研究陶器的風格及構造，特別是因為在埃及考古遺址的素材中，陶器碎片占了大多數。過去五十年來，埃及的陶器研究有了長足的進展，不管是分析的碎片數量（取自各地不同的遺址），或是用來從陶瓷中擷取資訊的科學技術種類。對埃及這方面豐富物質文化的了解增進，必然會對年代架構產生影響。

未來建構埃及年代學之路，必定要走向這類研究。國王列表之類的只能透露有限的政治變化（王朝與各別統治者的興衰），不像依據埃及物質文化特定要素的編年架構，取自國內各地的遺址，能提供關於古埃及社會和經濟的歷史資訊。因此許多現代的古埃及史越來越注重社會及文化的發展——例如聚落模式的演變、不同材料的利用和製造、飲食習慣及健康的改變——與國王、女王和王朝這類傳統選項，同樣重要。

第四章

文字

埃及的象形文字由表意文字組成（用符號直接代表現象，例如「天空」或「人」），也有表音符號，用來代表口語上全部或部分發音。因此和許多其他文化相比，法老時期埃及的文字與藝術關聯強烈許多。用在裝飾建築物和雕像的象形文字，簡單書寫像是「鵝」或「頭」，某種程度上既是藝術練習，也是文字交流。第三種象形文字是「限定詞」，因為是用來「確定」（也就是分類）整個詞的意義。所以舉例來說，一些意思是移動的詞，結尾的限定詞都包括一雙行走的腿（）。比較抽象的詞像是「知道」，結尾的限定詞則是一束捲起來的莎草紙（），標示這些詞與思想和才智有關。

許多現存的古埃及文本在當初創作時，是為了用來填補、增色畫作和浮雕，那些是神殿和墳墓牆面與天花板的裝飾。因此埃及文字與藝術在外觀和功能上，與宗教信仰和葬儀習俗密切相關，對於字詞和圖像的實體效力，埃及人似乎深信不疑。的確，許多墳墓牆壁或葬儀用品上的碑文，埃及人認為有必要除去象形文字的某些部分，例如去掉鳥符號的腿，好讓可能對死者有惡意的力量無法發揮。

這種認為語言與藝術表現具有魔力的看法，表現在稱為「開口」的葬禮儀式上，埃及人認為透過這個儀式，能替死者的木乃伊與雕像注入新生命——在托勒密時代的神殿中，這種儀式似乎有變化版本，每天早晨舉行，替牆上的文字與圖像注入生命。

納爾邁調色板與埃及文字的起源

就像許多早期的文物，大家對於納爾邁調色板包含的符號詮釋有純圖像元素、成串沒關聯的象形圖，或者甚至認為是有組織、合乎文法的句子。關於埃及文字的起源和本質，目前這些能透露什麼呢？

調色板上的圖像敘事似乎有早期的象形文字補充說明，像是「鯰魚」和「鑿子」的符號，出現在國王進擊的肖像前方。這兩個符號在法老時代分別有各自的音值nar與mer，但不確定調色板上的符號是表音或是表意。有些學者認為，這些符號應該讀作Nar-meher，因為象形文字符號「鑿子」的拼音可能不是mr（鑿子）而是mhr（好鬥的）。所以國王名字的意思應該是「好鬥的鯰魚」，或許比較合理。

國王的名字在調色板兩面的頂端重複出現，框在塞拉赫王名框紋章內，象徵著強大的王權，大概代表著早期皇宮的入口。

我們知道這個塞拉赫符號自前王朝以後，就用來框起標示國王的名字（埃及學家稱之為「荷魯斯之名」〔Horus name〕，因為塞拉赫王名框的上方通常有隻荷魯斯隼保護著）。

不過調色板的這一面還有一些其他的符號，大部分的埃及學家都將之詮釋為早期的象形文字（詳見第一章的描述）。關於調色板這面右上的四個符號（就在十具斬首屍體的上方），究竟是象形文字或圖像，則意見不一。

一九六一年時，艾倫・加汀納（Alan Gardiner）甚至表示，調色板上的裝飾（尤其是進擊的納爾邁臉部前面懸著的那些符號），是「複雜的圖像，要由觀看者自己翻譯成文字」。然而一九九一年時，小華特・費爾舍弗斯（Walter Fairservis Jr）發表了一篇文章，提出了更偏向文獻學的詮釋。他認為先前的埃及學家對於納爾邁調色板的詮釋，有個「重大的方法缺失」，因為他們把調色板上大部分的裝飾，都看做圖像而非語言。費爾舍弗斯的看法極具爭議，他認為調色板兩面的符號全都應該翻譯成符合文法的片語，以非常早期的埃及象形文字體系寫成。換句話說，他認為與其把調色板詮釋為藝術與文字的結合，應該直接讀成一個長句子。他辨識出六十二個推定存在的「象形文字」，討論每個文字中可能包含的細微意義，接著將文字配入某種文本形式，依據的基礎是他的主張：調色板「不是上下埃及統一的記載，而是代表了艾德夫（Edfu）地區領導者的勝利，贏過尼羅河谷南方的努比亞。」其他的埃及學家通常不接受這個理論，但這個說法確實讓人想知道，前王朝晚期與早期王朝的藝術，究竟在何種程度上包含了完整發展的口語文字，而不只是純粹靠藝術圖像來傳達資訊。

近來埃及文字體系起源的研究，著重在幾個特定的問題。象形文字系統最早何時開始使用？何時開始納入語音學和文法？是取自另一個文化（最有可能的對象是近東，那裡的文字似乎在年代稍早時，源自於美索不達米亞）又或者是在埃及獨立出現？若是如此，那是由某人獨自「發明」、一群人合作，還是經過幾個世代、幾個世紀的緩慢發展而成？

另一個大家常提到的問題是，早期的文字體系是為了因應實際行政需求而出現，還是起初的發展與儀式和典禮目的比較相關？最早的埃及象形文字是否是某種宣傳工具，讓統治者和權貴集團用來維持自己的權力？這個問題的答案很複雜，因為關於不同文化裡文字出現的年代，還有最初使用目的，我們的看法幾乎都取決於用來當作書寫媒介的材料種類（例如泥板、骨頭、象牙標牌、莎草紙卷、石碑），還有在世界上不同地方的不同環境中，這些材料是否能夠存留下來。早期美索不達米亞用於行政紀錄的泥板，因為當地環境而保存良好，對於某些學者來說，這給人一種印象，認為文字是為了行政目的而出現。然而在中部美洲、中國和埃及，最早的銘刻物品（像是馬雅石碑、埃及石板）是用作儀式目的，主要與權貴團體維持掌權有關。這種關於文字的跨文化看法當然忽略了一點，就本質來說，大部分早期社會中的行政檔案往往都書寫在比較便宜、沒那麼耐用的材料上（像是埃及的莎草紙，目前已知最早在第一王朝時就有使用）。因此這類低成本的行政材料往往無法完整留存下來，但最早期的儀式和「宣傳」文本，通常書寫在高度耐用的材料上（主要是石材），比較有可能留存下來。當然以二分法去區別行政和儀式／宣傳文本的作法有待商榷，在古文字剛出現的時候，要去歸納文本類型的特性也很困難。

關於埃及文字的最初，我們知道些什麼？

一直到相對晚近之時，一般認為第一個蘇美（Sumerian）楔形文字體系的例子，比埃及象形文字早了很多。因此有了更進一步的假設，認為第一個埃及文本看似在西元前四千紀末期突然出現，其實大概是受到埃及與近東聯繫增加的激發。但是兩個體制真正的組成符號（蘇美楔形文字、古埃及象形文字）如此不同，埃及體系似乎不太可能直接從楔形文字演變而來。但是這並不表示象形符號文字的基本觀念，不可能是從美索不達米亞出現後，再受到效仿。

這些假設由德國考古學家在一九九〇年代期間，透過考古發現稍微加以澄清了。他們發現在前王朝中期時（至少 3300 BC），不只已經開始使用象形文字，表音符號的使用可能也比先前想的要提早更多。發掘出來的 U-j 墓地（tomb U-j）屬於一位名叫蠍子的統治者（和納爾邁調色板附近發現的權杖頭擁有者相比，這位顯然是比較早期的蠍子王），墓地令人印象深刻，裡面有個房間，容納了將近一百五十塊小片的象牙標牌，上面刻著清晰可辨的象形文字，包括數字、商品，可能也有地名或是王室農地（圖10）。這些標牌的重要性在於，上面刻的或許不只是圖像符號（表意文字），那代表的是文字歷史上比較基礎的階段。許多標牌可能是代表口說語言的發音（表音文字），這個文字發展階段據信至少要

圖 10　阿比多斯 U-j 墓地裡的標牌，刻有早期的象形文字風格符號，約西元前 3300 年。（© German Archaeological Institute, Cairo）

到第一王朝才出現。研究標牌的德國文獻學家確認這些是音標符號，因為通常都會拼出後面碑文中經常提到的知名城鎮，像是布陀（Buto）和布巴斯提斯。並非所有的埃及學家都認同這些標牌上雕刻的符號詮釋，不過大部分人都同意基本的前提，這些至少是原型文字的某種形式，目的是要透過符號來傳達意義。在最近關於埃及象形文字起源的討論中，安德魯斯．史陶德（Andréas Stauder）採取了極簡的觀點來看 U-j 墓地裡的標牌，他認為這些標牌「不是代表語言的證據……最佳詮釋是一種非語言的標記系統」。不過他的確承認碑文展現出文字的某些重要特徵，像是形式系統化、排列方向和微型化。

儘管史陶德如此警示，阿比多斯最早期的統治者所雇用的某些工匠——距離第一王朝至少兩百年——已經在使用某種形式繁複的符號溝通，或許同時包含了語音符號及表意文字。從文化上來說，這些文字通常標示出下埃及的地名，指出那些地方是上埃及統治者墓穴中放置商品的來源地，這也是強而有力的證據，證明埃及南北部在經濟上早已密切連結——或許在政治上也是如此。因此，許多傳統上與全面發展國家相關的要素——例如文字、官僚體系、紀念碑建築，還有複雜的交易體制和經濟掌控——顯然在當時的埃及都已經到位，而當時的文化一直到相對晚近之時，還被稱為「史前」時代。

埃及學中文本的利用與濫用

埃及學開始成為完整的歷史學科，結合文本與考古學的研究，是在一八二二年商博良解譯象形文字之後才有可能。到了一八二〇年代晚期，世俗體文字也解譯出來了（主要是靠湯瑪士・楊〔Thomas Young〕）——因此就在十年之內，古埃及文化從史前給拉進了歷史。到了一八六〇年代，查爾斯・古德溫（Charles Goodwin）與法蘭索瓦・沙巴斯（François Chabas）破解並翻譯了許多寫著僧侶體文字的莎草紙，因此確保全部四種埃及文字——象形文字、僧侶體、世俗體、科普特文字——如今都能解讀」。科普特文字是古埃及語言發展的最後一個階段（晚近至少到西元十世紀時，都還有人在講這種語言），當然也保存到現代，以書面形式存在於科普特正教會的禮拜儀式語言中。

幾乎從象形文字、僧侶體、世俗體開始翻譯之後，埃及法老時代研究就越來越以為調節為特色，有考古紀錄上保存的一般社會經濟證據，也有古代文本中包含的特定歷史資訊，要努力達成兩者之間的平衡。新發現的文本知識有潛力能還原古埃及人的思想與情緒，卻也帶有某種誘惑，讓人認定關於埃及文明問題的答案，都能在書面文字中找到，而不在考古學家的壕溝中。埃及文化的純考古觀點，正如埋藏的牆面、文物和生物遺骸所保存下來的，從今而後都必須放在豐富而詳細的文本資料庫背景中來解讀，那些寫在石碑、泥板或莎草紙上的文本，就像其他的歷史學科，埃及考古學中的書面文字可能受到主觀信念影響，往往很矛盾地反而晦澀難解，有時候甚至會掩蓋了實際的考古證據。

從文本和考古的二分法觀點，去比較埃及考古學和現代馬雅研究，會覺得很有意思。馬雅學家似乎經歷了相反的情況：這門學科以人類學和考古學為主，一直到一九八〇年代時開始解譯馬雅字符，突然產生了大量的馬雅語言文本，讓大家對於馬雅文化的看法有了重大的改變。起初馬雅考古學家對於文獻學者提供的歷史資訊感到懷疑，就像是一種鏡像對照，許多以文本為依據的傳統埃及學家，對於近年來越來越以科學為本的法老時期考古分析，反應也是如此。馬雅學家和埃及學家都慢慢接受了基本的事實：文字往往是社會上權貴成員的產物，而大量的考古資料則來自不識字的大宗人口。解決方法有賴於成功整合這兩類證據，才能形成對社會整體較為全面的看法。

過去曾有許多古埃及文本與考古素材的整合，不過隨著這兩類資料的數量越來越多，語言學家和考古學家似乎走上了不同的道路。在討論中王國努比亞的行政管理時，巴瑞．坎普同時利用了文本與考古資料，他認為文字資料通常只能透露「體制的片段」，往往缺乏實際上與文化上的整體背景概念，而考古學家卻能提出「廣泛的社會結構輪廓」。儘管如此，埃及文本證據往往能夠補充私人細節，將抽象的社會經濟進程，轉變成更接近一般歷史的模樣。問題在於考古與文本資料的分析與詮釋往往完全分開進行，而不是混雜交融出關於埃及文化與歷史更全面的觀點。

第五章

王權

納爾邁調色板的兩面都裝飾著國王善戰的場景，不過最具有影響力的景象，大概是調色板背面，國王以權杖重擊外邦人的大型描繪。王室進擊的場景是埃及藝術中最常見的景象，暗喻著法老的權力，透過例行征服混亂的力量，維持天地萬物的秩序。一八九九年，納爾邁調色板發現的一年後，費德里克・格林在希拉孔波利斯發現了一個較早期的前王朝重擊場景，在編號一百墓地（tomb 100）的牆面上——這是首次發現埃及墓穴中有留存的繪畫裝飾。這個墓地似乎是為了西元前三六〇〇年時，當地的某位統治者而設置的（也就是前王朝的納卡達第二期C階段）。將近一個世紀之後，一九〇〇年代時發現了一個更早的類似圖案畫在陶器上，出土地點是阿比多斯的前王朝編號 U-239 墓地（tomb U-239，年代可追溯到納卡達第一期晚期，約 3800 BC）。進擊法老這個經典圖像的意義維持了數千年，出現在各種宗教及藝術背景中，從護身符、石碑到神殿塔門（pylon）的牆上，晚至羅馬時代都還能看到。

埃及學研究中反覆出現的主題之一是埃及國王的本質，尤其是他與一般凡人和埃及眾神之間的關係。納爾邁調色板已經建立起國王與隼神荷魯斯之間的密切關聯，描繪出隼神在納爾邁前面攫住外邦俘虜。國王與神祇在征服行動中的互動，傳達出某種複雜的象徵和隱喻，圍繞著古埃及王權的觀念。專制法老的概念透過許多方式進入現代意識，從《聖經》到珀西・比希・雪萊（Percy Bysshe Shelley），埃及學家也經常利用關於埃及王權的爭議，去探討各種主題，像是埃及政治體系的變遷本質，還有我們對各個法老真正個人的身分知道多少（相對於圖像的象徵符號）。以埃及統治者的例子來說，有許多木乃伊留存下來（尤其是新王國時期的木乃伊），這使我們的處境非比尋常，既能夠真正凝視他們的臉，有如同代之人，同時又能檢視他們在位時留存下來的歷史遺跡和文本。

對於埃及人來說，每任新國王的統治都代表了新的開始，不只是在基本準則上，在實際上也是如此，因為年代的形式是以各別統治者的「在位年」來表達。這表示在心理上，大概會傾向於把每任統治期看作是全新的開端。每位國王基本上都會利用自己任期中的事件，重複同樣的王權神話。到了古王國晚期，每位國王都有五個名字（所謂的「五重王名」，fivefold titulary），每個名字都概括了王權的某一方面：其中三個強調國王的神祇角色，另外兩個則強調埃及理應分開的兩塊統一土地。

許多統治者的頭銜中都有「強大公牛」和「荷魯斯公牛」（調色板上兩面描繪的納爾邁腰間都繫著一條公牛尾巴，是王室盛裝的一部分）。納爾邁調色板正面下半部的公牛圖像踐踏著倒下的外邦人，穿破城牆，可能象徵著國王在外邦土地取得勝利。國王與公牛之間的強大連結在法老時期延續下去，國王／公牛的相互關係或許牽涉到雙關語意，埃及語中用來指公牛的詞是ka，與另一個經常用來指國王神性一面或「分身」的詞，發音相同。

國王的名字和圖像都存在著許多暗喻和象徵，這使得現代學者很難利用這類證據，去了解某個國王的各別特徵和行為，相較之下，王權的大致概念還比較容易掌握。閱讀埃及學家描述各個法老的統治時，我們必須考慮到兩種刻板印象和不當分類：首先是原本古埃及文本呈現出來的成見，再來是埃及學家本身無意但有時會造成的偏見。

運動家及女性主義原型？

王室刻板印象的「受害者」之一是第十八王朝的統治者阿蒙霍泰普二世（Amenhotep II），他在歷史遺跡中常常被描寫成一位偉大的運動健將。艾倫・加汀納在一九六一年對他的描述如下：

> 他的肌力超群：據說他能射穿一掌厚的金屬靶，箭頭直透從另一側穿出。遺憾的是，同樣的說法也被認為與圖特摩斯三世有關係，只是缺少細節，所以我們有理由保持懷疑。儘管如此，關於他的高超運動才能還有其他例子，十分鮮明獨特，難以斷然否認。

一九八〇年代時，法國埃及學家尼古拉・格里馬爾（Nicolas Grimal）甚至從阿蒙霍泰普的名字和稱號中看出這些特質，像是荷魯斯、金色荷魯斯（意思分別是「強大的有力公牛」和「以力量征服所有土地的人」）。阿蒙霍特普二世究竟是否真的是一位擅長運動的非凡國王，應該是個需要深入剖析其個人特質中刻板細節的問題。

首先，這是否只是因為在流傳下來的文本中，剛好有比較多關於崇尚運動的內容，又湊巧屬於阿蒙霍特普二世年代的文本比其他人在位期間的多？再者，如果並非保存上的偶然，那麼我們是要把這種情況詮釋成證明國王確實是個運動家，還是肯定他的貢獻，促成了埃及國王都是偉大運動家的觀念？

面對圖像和文字紀錄中所保存的各別法老的獨特個性問題時，許多埃及學家和其他學者，自然而然會想去推測這些法老的個性和動機。尤其是動機的問題，不可避免地會引導我們去看飽受諷刺描述的哈謝普蘇，她是能夠獨力統治埃及的少數女性之一（在數千年期間，大概總共只有五人），而不是男性統治者的附屬而已。

「女王」一詞經常用來描述埃及的王室女性，不過埃及學家使用這個詞的風險很大，因為古埃及文字中其實沒有真正用來指獨立女性統治者的詞彙，只有少數幾個詞語，用來描述與在位男性有血緣或婚姻關係的女性（主要是「偉大的王室之妻」、hmt wrt nsw，「王室之母」、mwt nsw，還有「王室妻妾」、hmwt nsw）。這表示在極罕見的情況下，女性本身成為「國王」之後，實際上必定得採用男性的王室盛裝和特性。毫無疑問地，哈謝普蘇這位有最多證據史料保存下來的女性統治者，在位期間大多把自己塑造成男性的樣子（圖11）。在位於德埃巴赫里（Deir el-Bahari）的神殿以及其他歷史遺跡上，她往往身著男性國王服裝，包括王室的「假鬍子」在內。據推測，在她的性別與法老的男性化角色之間，必定有股衝突感，但只有在她死後紀念碑上名字被抹除一事，才顯示出大家其實覺得不恰當。有趣的是，她的王室名字及稱號常常附有女性化的文法詞尾（其中之一也許是刻意要讓人聯想到中王國的女性統治者索貝克妮芙魯〔Sobekneferu〕，因此產生了一種文字遊戲，把她與某些女神連在一起，還有神性的某些部分，以男性國王的命名法這是不可能的。

圖 11　圖特摩斯三世（左）獻上祭品給以男神奧西里斯形象呈現的哈謝普蘇女王雕像（右），來自卡奈克的紅色聖殿，約西元前 1473-1458 年。（© Ian Shaw）

幾乎可以確定的是，由於哈謝普蘇的性別，許多埃及學家往往認定她是和平主義者。格里馬爾在一九八〇年代出版的《古埃及史》（*A History of Ancient Egypt*）中，認為她與外界世界唯一真正的短暫接觸，是跟朋特（land of Punt）進行貿易：

> （朋特）遠征詳細記述在哈謝普蘇的祭祀神殿牆上，代表著外交政策最精彩的部分僅限於開發西奈的馬加拉旱谷（Wadi Maghara）礦區，以及派遣一支軍事遠征隊到努比亞……在哈謝普蘇統治期間，唯一的軍事行動是為了鞏固圖特摩斯一世的成就。

不過早在一九六〇年代時，唐納．瑞福已經提出了關於女王統治的修正觀點，認為這些假設毫無正當理由，明顯缺乏證據，完全不是事實。他指出某些男性統治者，例如霍朗赫布（Horemheb）和瑟宋克一世，如果因為缺乏描述軍事遠征的文本就做出相同的結論，可能也會被誤認為是和平主義者。以霍朗赫布來說，我們有充分的證據顯示，他在即位之前擔任圖坦卡門的將領，絕不是和平主義者。

另一個關於哈謝普蘇的統治及個性的爭議，與兩個問題密切相關。她是否只是軟弱的統治者，利用大量宣傳來加強自己的主張，登上王位；另外，她是否受到（男性）管家塞尼穆特（Senenmut）不尋常的影響。因此我們可以看到瑞福在一九六七年提出這樣的說法：

> 無庸置疑，她的主要支持者是管家塞尼穆特，此人出身低微，在她統治期間似乎是王位背後的力量……她有一群寵臣，出身混雜，沒有共同背景，也不太可能會擁有共同的政治目標。

瑞福繼續表示，哈謝普蘇後來慢慢淡出，圖特摩斯三世開始更常出現在浮雕上，也受任命征戰外邦——但這些都跟其他同期攝政的情況沒有兩樣，在國王與繼承者之間，埃及王子通常會越來越突出，這是為了讓他們對接任王權有所準備。

還好法國埃及學家蘇珊娜．哈提（Suzanne Ratié）提出了一個比較細膩的觀點，去探討哈謝普蘇與塞尼穆特之間的關係：

塞尼穆特閱歷豐富，個性複雜多變，他的生涯有許多費解之處，統治期間所有的重大成就中，似乎都能看到他的影響，至少一直到第十六年的時候，在許多的決定和活動上，很難去區分女王與她的「顧問」所扮演的角色。我們用「顧問」一詞來描述塞尼穆特，刻意避免使用「寵臣」一詞，因為關於哈謝普蘇與塞尼穆特這方面的生活，我們完全接觸不到，也沒有任何客觀的證據。

最後第三個關於哈謝普蘇的歷史爭議，與她在德埃巴赫里祭祀神殿中的一個浮雕有關，似乎是為了合理化她的即位，把她的誕生描繪成是阿蒙神（Amun）與她的人類母親雅赫摩斯（Ahmose）王后性交的結果。新王國很少有王室的歷史遺跡也宣稱統治者是人神性交的結果（例如路克索的阿蒙霍特普三世神化誕生場景），藉此暗示統治者實際上是半個神。這類場景原本可能是許多王室紀念碑常有的一部分，只是湊巧某些統治期間的留存下來了，而其他的沒有。不過就像許多埃及學家所認為的，也可能某些統治者比其他人更注重強調正當性。

埃及學家經常推測，這些所謂的「神化誕生場景」，包括在德埃巴赫里神殿的哈謝普蘇，還有在路克索神殿的阿蒙霍特普三世，究竟是宣傳或宗教記載（又或者兩者皆是）。一般認為哈謝普蘇的性別迫使她必須找新方法合理化自己的地位，但這個說法無法解釋阿蒙霍特普三世（還有後來的拉美西斯二世，在某些留存下來的次要場景中）為何覺得有必要利用神化誕生的神話，畢竟哈謝普蘇的「性別問題」並不適用於他。在《阿蒙霍特普三世的奇蹟誕生與其他埃及研究》（*The Miraculous Birth of King Amon-hotep III and Other Egyptian Studies*, 1912）一書中，柯林·坎貝爾（Colin Campbell）認為，哈謝普蘇和阿蒙霍特普三世的誕生場景理由主要是宗教上的，而不是政治上的，因為王權中的太陽神拉（Ra）崇拜被阿蒙神取而代之，所以目的在於確立國王的出身是阿蒙神之子，而非太陽神拉之子。不過也有人指出，早在雅赫摩斯一世（Ahmose I）在位之時，阿蒙神就已經被描述成是國王之父，比哈謝普蘇早了三個世代。基本上，哈謝普蘇強調自己神化誕生的動機依然不確定。

雖然拼湊的資料總是會造成詮釋上的問題，無庸置疑地，關於哈謝普蘇統治的這三個問題加上二十世紀末的詮釋，至少有一部分是源自於埃及學家的假設和個人偏見。這造成他們不只以誤導的方式詮釋證據，也刻意建立出女性統治者的半虛構形象，必然從西方歷史上借鑑了許多女性王室的刻板印象（多數並不適當），像是伊麗莎白一世（Elizaberh I）、維多利亞女王（Queen Victoria），甚至是凱薩琳大帝（Catherine the Great）。

除了哈謝普蘇以外，另外兩位得到蓋棺論定性格特徵分析的埃及「女王」是娜芙蒂蒂（Nefertiti，她的雕像本身就很出名）和克莉奧佩脫拉七世（Cleopatra VII），後者是托勒密王朝的最後一位統治者，也是相當多影片中的偶像。我會在第九章（埃及熱潮）中討論娜芙蒂蒂和克莉奧佩脫拉的聲譽和各方面的影響，因為這兩位埃及女王無疑跨越時空，登上了現代流行文化的舞台。

拉美西斯大帝

另一個相對來說比較傳統的埃及王權觀點——但仍舊是刻板印象——是拉美西斯大帝（拉美西斯二世）的例子，他似乎開始被視為某種典型，甚至還在世時就是如此。他顯然備受後繼者愛戴（與嫉妒），像是拉美西斯三世，在這位比較出名的前任過世後三十年內，他不只在梅迪涅特哈布（Medinet Habu）神殿興建專用禮拜堂，奉拉美西斯二世為神明，他兒子也與拉美西斯二世的兒子同名。

到了西元前十一世紀時，拉美西斯二世已經成為舉足輕重的神話人物，第二十一王朝有份《死者之書》莎草紙（Book of the Dead，大英博物館編號EA75026）試圖增添效力，表明自己是「在國王烏斯瑪拉（Usimare，即拉美西斯二世）的木乃伊頸部發現的文字」。拉美西斯顯然也與埃及的王權制度密切相關，因為在第三中間時期之際，祭司和高級官員有時候會被授與「拉美西斯國王之子」的稱號，顯示出拉美西斯這個名字本身就具有強大力量。

拉美西斯二世的記憶延續到後代的傳統中，在他名下，也涉及塞索斯特利斯之名（Sesostris，是好幾位中王國統治者的名字，他們的歷史遺跡在拉美西斯統治時遭篡奪，聲譽不可避免地也被接收成了他的功績）。西元前五世紀時，希羅多德描述了一個名叫拉普西尼托司（Rhampsinitus）的角色，將孟非斯普塔區西邊盡頭處的出入口興建歸功於他，也指出他經常會去陰間。在他的《歷史》（第二冊，十二之三節）中，希羅多德講述了拉普西尼托司在位期間的兩樁事件，此人似乎半神化地混合了拉美西斯二世與拉美西斯三世。第一件事情是描述這位國王在陰間玩骰子，第二件事情則是講述國庫發生了狡猾的盜竊案，而國王試圖阻撓竊賊。

將近四百年後，在西元前一世紀初時，狄奧多羅斯描述了某個歷史遺跡，他稱之為「奧茲曼迪亞斯之墓」（tomb of Osymandias）。這似乎是拉美西姆（Ramesseum），也就是拉美西斯二世位於底比斯西邊的祭祀神殿，奧茲曼迪亞斯這個名字是拉美西斯二世登基名烏瑟爾—瑪特—拉（User-maat-ra）的希臘化形式。一八一七年這個名字再度出現，雪萊發表了一首十四行詩，名為〈奧茲曼迪亞斯〉（Ozymandias），其中包含了下列著名的詩句：「吾乃奧茲曼迪亞斯，萬王之王也：千秋蓋世功，眾人皆折服！」雪萊其實從沒去過埃及，大概是從大英博物館得到啟發。寫下〈奧茲曼迪亞斯〉這首十四行詩幾個月之前，有天傍晚他曾與約翰·濟慈（John Keats）和詹姆斯·亨利·利·亨特（James Henry Leigh Hunt）一起寫詩謳歌尼羅河，這首詩顯然受惠於狄奧多羅斯。雪萊可能也讀過威廉·漢彌爾頓（William Hamilton）在一八〇九出版的埃及旅遊指南《埃及史》（*Aegyptiaca*）。另一個重要因素可能是大英博物館在一八一七年收到一部分的拉美西斯巨型雕像，人稱「年輕的門農」（Younger Memnon），由喬瓦尼·貝爾佐尼從拉美西姆神殿的第二庭院運回英國，是穆罕默德阿里（Mohammed Ali）送給攝政王的禮物。

拉美西斯的死後虛構生活也很豐富，有一系列關於他的小說，一九九〇年代由埃及學家轉任小說家的克里斯提昂·賈克（Christian Jacq）所撰寫，還有安·

萊絲（Ann Rice）的《木乃伊——天譴者拉美西斯》（*The Mummy or Ramesses the Damned*），書中的拉美西斯透過靈丹妙藥（與克莉奧佩脫拉一起）復活了。

從新王國晚期一直到二十世紀對於拉美西斯二世生平及統治的記載，似乎讓他成為某種綜合體，混合了傲慢與專制，而這些往往被視為是合宜的埃及王權典型特徵。最後，拉美西斯最公正的傳記作者之一肯尼斯·凱勤（Kenneth Kitchen）試圖不讓拉美西斯落入這種草率的模式角色，但在過程中他似乎創造出一位相當友善的君主。他批評其他的埃及學家對拉美西斯分類不當，然後推測如果在現代世界中，拉美西斯會是怎麼樣的君王：

> 最初他也許會讚嘆科技……不過要不了多久，他就會看穿物質的表象（為了尋求真理與正義），注意到事物的另一面，這個世界飽受同樣的問題，基本的人類競爭和缺點，就像在他的世界一樣……最後他必定也會發現永恆的正面價值，愛與奉獻，尊重正義，在某種程度上互相寬容非必要的事情……

如果說傳統上認為的專制拉美西斯令人感到不安，那麼凱勤構想中的拉美西斯有如坎特伯里大主教（archbishop of Canterbury），又是否令人感到更加困惑呢？

要真正看清埃及王權的刻板印象，也許我們應該看看揚・亞斯曼，他在《尋找古埃及神》（*The Search for God in Ancient Egypt*）一書中描述，王權似乎是埃及創世神話的核心：

> 起點是國王，他是荷魯斯神的化身，不斷克服父親之死以取得王位的兒子。他必須在九柱神（九位創世神祇）面前證明自己是王位的正當繼承人，是他的家族也是宇宙本身，遞降讀之，他的族譜就是宇宙開創論。

這段文字給了我們一些概念，去了解大部分文本和圖像的背景，那些從阿蒙霍特普二世、哈謝普蘇、拉美西斯二世統治時期所留存下來的，還有所有這些宇宙意象，讓我們還能約略瞥見資料中的個體性和個人特色。如果埃及的統治者聽起來很自大，這是因為至少在理論上，他們有義務把自己看作是人類與天地萬物之間的核心。

第六章

身分認同

納爾邁調色板上有國王本身和他的神性另我（一面是隼神荷魯斯，另一面是公牛）在殺戮或羞辱外邦人及敵人。如前所述，這些圖像一部分是埃及王權全套刻板印象，一部分則是古埃及人用來定義、重申自己民族與國家，與他們視之為一片混亂的大量異邦特性、境外之地區別開來。我們不清楚納爾邁調色板上隼神荷魯斯所俘虜的究竟是利比亞人或亞洲人，又或者情況是內戰，俘虜是下埃及人，要迫使下埃及與上埃及統一。我們可能也要問，調色板下方那兩個趴臥的人，還有另一面遭斬首、去勢的人像，是下埃及人還是外邦人。

前王朝最後階段之際，上埃及人是否把下埃及人看作外邦人？國王與他的朝臣本身是不是「埃及人」？還是像埃及學家弗林德斯．皮特里與布萊安．艾默里認為的，國王其實是來自近東的入侵者？若是如此，那麼調色板上的人像哪個才是真正的埃及人？

埃及早期種族認同的意象

事實上，納爾邁調色板似乎具有特別的意義，與法老時代早期埃及人對於自身國族認同有關。據我們所知，納爾邁是最後一位依照命名而有動物版本描繪的統治者：所以納爾邁的象牙標牌和圓柱印章（詳見第三章）都有看似不可思議的擬人化鯰魚，正在重擊外邦俘虜，而調色板上不只有法老的野獸象徵符號隼與公牛，也有國王進擊的人像。

納爾邁調色板無疑充滿了身分認同的問題，就像古埃及的研究整體也是如此。當個古埃及人是什麼樣子？他們如何區別自己與鄰近的民族？他們是獨特的非洲文明，又或者是標準近東文化的數個變異其中之一？我們該用什麼來定義他們，語言、地理位置還是外表？他們如何看待自己？在許多方面，埃及人對自身和統治者的定義，是建立在強調他們與非洲和近東的非埃及人之間存在著強烈的對比。埃及人逐漸培養起商業和政治連結的地區，基本上可以分成三類：非洲

（主要是努比亞、利比亞、朋特），亞洲（敘利亞—巴勒斯坦、美索不達米亞、阿拉伯半島、安那托利亞），還有地中海北部和東部（賽普勒斯、克里特島、海上民族、希臘人）。

納爾邁調色板可能也提到了早期埃及與外界的接觸。一九五五年時，以色列考古學家伊加爾．雅丁（Yigael Yadin）分析指出，納爾邁調色板可能不只是一系列讚頌王權的場景或儀式，甚至也不像比較早期的理論所說，是陳述埃及的統一。雅丁認為納爾邁調色板可能是早期埃及與近東的軍事衝突，他著重在國王納爾邁大型重擊人像下方趴臥的兩人。這兩個人像在某方面似乎很像是一對象形文字符號，左手邊的符號看似是防禦圈地的長方形平面圖，右手邊如果也是建築圖像，則可以看作是半圓圈地，延伸出兩道牆。雅丁認為右手邊的符號可能是埃及人對一種獨特風箏形狀圈地的表現方式（也就是菱形，從上方看來有一對懸吊的「帶子」），是遊牧民族所建立的。這類建築物有許多例子現存於哈馬德（Hamad）沙漠，在現代都市安曼（Amman）附近，據信是用來當作防禦圈地，讓動物群集，避免遭劫。如果這兩個建築圖像能用來確認這兩人的出身地，第一個可能是代表埃及人在青銅時代早期的巴勒斯坦進行軍事行動時，所看到的防禦圈地，第二個可能是描繪風箏形狀的結構，與外約旦（Trans-Jordanian）地區的遊牧民族有關。

有趣的是，在以色列特拉埃拉尼（Tel Erani）和阿拉德（Arad）青銅時代初期遺址的發掘顯示，埃及的陶器碎片上有納爾邁的名字，寫在塞拉赫王名框內，還有許多其他的埃及文物，包括象徵權力的物品像是權杖頭，年代近似。這表示在西元前四千紀晚期時，巴勒斯坦絕對有不少埃及人存在，因此這或許提供了考古上的證據，支持雅丁的理論，埃及很早就軍事擴張到黎凡特了。

埃及的種族與爭議

埃及人如何看待自己？要回答這個問題，首先我們可以看看他們在繪畫和雕塑中描繪自己的模樣，再來可以透過分析去了解他們的自身認同，主要是藉由對照邊界以外的民族。在國王谷（Valley of the Kings）中，新王國法老塞提一世和拉美西斯二世墓中的場景，描繪了許多人種共處於太陽神拉主掌的宇宙中。除了依據膚色和其他外表特徵，也可以根據髮型和服裝變化來判斷不同的種族，相對於世界上其他地方，這些特徵顯然具有讓埃及人定義自身國族團體的功能。然而這樣的描繪就連埃及人自己也認為是簡化的刻板印象，因為從成千埃及人的各別描摹看來，埃及人口中有各種各樣的種族，就像在今日的埃及一樣。

因此也有一種看法，認為埃及人完全是在文化上視自己為一個顯著不同的族群。有許多各別的例子，儘管外表顯然是「外邦人」，埃及人在社會上和政治上卻把他們當作是自己人。有個好例子是麥赫珀里（Maiherpri），他是第十八王朝初期的武官，獲得安葬在國王谷的特權，但是他的外表明顯透露他的祖籍是努比亞。在亞洲方面，有個人叫阿佩爾（Aper-el），名字顯示他有近東血統，他在第十八王朝末時，官拜維齊爾（國王本人之下的最高官位）。這個年代有許多亞洲人身居高位，置身埃及權貴之間。

二〇一七年時，有項創新的科學計畫解開了埃及人與撒哈拉沙漠以南和近東在外貌和基因上的連結。來自德國耶拿（Jena）杜賓根大學（University of Tübingen）及馬克斯普朗克科學人類史研究所（Max Planck Institute for the Science of Human History）的研究人員，成功發現並分析了來自阿布西爾．梅勒克（Abusir el-Meleq）的一百五十幾具木乃伊，年代分布廣泛，介於西元前約一四〇〇年到西元四〇〇年。或許令人感到驚訝的是，依據取自九十具個體的粒線體基因組，他們的分析顯示，現代埃及人的血統，其實比較接近撒哈拉沙漠以南的非洲人，而不是古埃及人。古埃及人其實跟來自近東的古人最接近。過去一千年中，埃及族群裡撒哈拉沙漠以南的血統增加，可能的因果要素首先是沿著尼羅河的流動性改善了，第二是撒哈拉沙漠以南非洲與埃及之間的長途貿易增加，最後則是跨撒哈拉的奴隸貿易，大約從一千三百年前開始。

關於埃及是否在根本上是「黑人」文明這個議題的看法——通常被描述為「非洲中心」立場——在一九八〇年代甚至更早的時候，就引起了大量爭議。非洲中心主義由來已久，至少可以追溯到一八二七年，當時《自由報》（*Freedom's Journal*，美國第一份黑人報紙）上有篇社論，提出非洲人與古埃及人之間有關係。

大量不同的非洲中心論述出現，大部分都受到懷疑。影響力最大也最具爭議的，是馬丁・貝爾納（Martin Bernal）在他的三冊作品《黑色雅典娜》（*Black Athena*）中所提出的論據，在一九八七年到二〇〇六年之間出版。貝爾納宣稱，古埃及備受輕忽，但其實是「西方」文明重要的促進因素。不過埃及學家和古典學者都指出，他的考古和語言學論述及資料中有許多缺陷，例如缺乏證據，無法證明埃及曾經殖民希臘島嶼的假設。古典學者莎拉・莫里斯（Sarah Morris）在一九九〇年代非洲中心主義爭議盛行之時，撰文指出貝爾納的作品可能不在作者預料之內，但卻支撐了非洲中心議題，讓許多爭議退回原爆點，推翻了傑出學者數十年的嚴謹研究。

然而毫無疑問地，過去有某些埃及學家確實犯了錯誤，以種族歧視的觀點來詮釋埃及人。最令人髮指的有格拉夫頓・艾略特・史密斯爵士（Sir Grafton Elliot Smith），他在一九〇九年提出，「混入極少許黑人血統都會立刻顯露，讓新倡議變得黯淡，『拖累』文明藝術的進一步發展。」弗林德斯・皮特里提出的理論也難以消化，他認為法老時期的埃及建立是由於近東甚至是歐洲的「優等民族」入侵，如果沒有意識到他的右翼政治觀點就很難理解這種說法（他寫過關於社會主義危險性的小冊子），以及他是優生學運動的熱中分子，致力於「改善」人類血統，透過「社會控制之下的推動研究，可以提高或降低未來世代的種族品質」（此話出自創辦人，人類學家法蘭西斯・高爾頓爵士〔Sir Francis Galton〕）。另一方面，布萊安・艾默里支持早期埃及的侵略理論，無疑是受到傳播論者高登・

柴爾德（Gordon Childe）的觀念影響比較多，但或許也受到戰前在埃及和蘇丹的英國殖民主義影響。

關於這一點最後的發言，也許應該留給C・洛林・布雷斯（C. Loring Brace），他在一九九六年寫道：

「種族」的概念在埃及並不存在，希羅多德沒有提過，《聖經》或是任何其他傳統古物上的文字都沒有，因為在生物上或社會上都沒有依據，我們應該努力在公共和私人領域中避免使用這個詞。少了這個詞沒人會在意，大家都會過得比較好。安息別再提了吧。

性別與性慾

埃及人身分認同的問題，幾乎從這個學科存在以來，就讓埃及學家忙個不停。不過其他自我的議題似乎很少有人探討，大概因為埃及學家不成比例地大多是歐洲白人或北美男性學者。位於納爾邁調色板上方的母牛女神巴特（Bat）頭像，似乎是調色板裝飾上唯一的女性要素（有位埃及學家兼藝術史學家惠特尼・戴維斯〔Whitney Davis〕，認為就連那些其實也是公牛神的頭像）。調色板就像大部分的埃及藝術和文本，基本上是男性主宰的文物。這不禁讓人想問，關於古埃及的女性，我們知道些什麼？關於埃及人對性別和性慾的看法，我們又了解多少？埃及社會中有哪些層面，公開或隱晦地受到男性、女性或酷兒考量的影響？

觀察埃及的文字和圖像資料中的性別模式時，幾乎能夠立刻看出男性圖像與相關事件比女性的更常出現，也更突出。資料上的男性偏斜狀態以幾種不同的方式出現，有些很明顯，有些則比較微妙，潛藏不張。正如我們在關於哈謝普蘇女王統治的觀點歸納中所見，在將近三千年的法老時期中，很少有女性達到統治地位。

在墓室中，女性照慣例都是次要的塑像，因為墓地幾乎總是為了她們的父親、丈夫或兒子特別準備的。

在文本和藝術圖像中，埃及至少從第一王朝之後就是以男性為中心，這有一部分是錯誤印象，是由於我們選擇資料偏頗所致，不過在某些方面也是因為埃及社會確實就是如此，幾乎所有的女性都被排除在行政管理之外，也無法接觸文字書寫和閱讀（雖然至少有九十五%的男性大概也不識字，所以這個因素可能比較不重要）。在工作的世界中，女性往往也是無形的，值得注意的例外有紡織品生產、釀造和烘培（雖然資料顯示男人也會參與這些活動）。墳墓繪畫和木製葬儀模型經常有女性紡紗和織布的場景，有時候也有收成亞麻的農業場景，某些文本顯示，這是王室內廷的主要活動之一（似乎許多維多利亞時代的東方主義畫家都沒注意到這項事實，只畫出「法老妻妾群」這類場景）。

在過去，埃及學家把這種情況視為理所當然，沒有去努力「抽絲剝繭」，找出在男性主宰的記載中，女性的角色和生活方式。然而過去五十年來，隨著女性專業埃及學家的人數增加，不意外地有更多人試著去爬梳字裡行間，尋找女性生活和成就的證據。例如越來越清楚的是，情況隨著時代而改變，所以其實在法老時期有三個階段，女性在留存下來的記載中比較顯眼：在古王國，女性獲准擔任某些行政職位（雖然只能管理女性團體）；在第十八王朝早期，女性更常出現在葬儀的歷史遺跡中，可能反映出她們更有機會參加葬儀儀式；從第二十王朝末到第二十二王朝初，女性不只更常出現在墓室的裝飾上，也越來越常沒有男性親戚的陪同。

或許不可避免的是——有鑒於埃及學家長期以來傾向於研究權貴的歷史遺跡——大部分早期的研究都集中在王室和貴族女性，像是海特菲莉斯（Hetepheres，法老古夫〔Khufu〕的母親）、索貝克妮芙魯（第十二王朝末的女性統治者）、哈謝普蘇、娜芙蒂蒂。然而漸漸地，有越來越多人致力於找出不同階級和貧富程度女性的資訊，這樣的轉變獲益於新近受青睞的聚落考古學趨勢，提供了客觀的社會經濟證據，至少能夠揭露更多埃及的女性主導層面。那些在男性記載和藝術圖像中看不見的居家和公共生活，有時候在考古紀錄中相對明顯許多。然而在分析不同性別的房屋使用模式時必須特別注意，我們很容易就會毫無根據地做出種族中心的假設，去定義男性或女性的空間（例如女性／廚房、男性／會客室，女性／臥房）。

另一個埃及學家在進行性別研究時，常常犯下種族中心錯誤的領域是性慾。在第八章，我會討論埃及宗教明顯非常重視某些神祇的陰莖。許多埃及學家幾乎完全成長於猶太教與基督教共有的宗教傳統中，就學術上而言，他們會轉移目光不去看陽具中心主義，有意或無意地，將其視為宗教背景中的不合宜之物。整體而言，這會導致許多學者試圖淡化這類片段，像是描述亞圖姆（Atum）透過自慰來創造出下一代的神祇（不必任何女神就能生殖）。

目前為止，只有兩本書談過法老和希臘羅馬時代埃及的性，不過兩位作者都強調了典型的埃及學假設，也就是傳統上傾向把性相關的文物和圖像歸為不痛不癢的「生育」，而不是公開承認的性圖像和性行為。就像林恩．梅斯凱爾（Lynn Meskell）所說的：

女人的性慾，而不是她們的生育力（也就是懷孕），才是陵墓場景強調的重點。她們的性品質大概是死後生活的搶手貨，就像提供僕人和食物一樣。

不過湯姆．海爾（Tom Hare）比較謹慎地指出，通常很難決定這些描繪是否是真的刻意要展現情慾：

不論我們覺得這些裸胸的埃及女性或女神繪畫多麼有吸引力，去解讀為情慾都太輕率了。因為在正式的典型塑造中，成年女性和女神通常是裸胸描繪，勾畫出前凸的胸部乳頭。

他接著討論我們看到的圖像複雜之處，雕像是女性穿著某種特定服裝，遮蓋胸部，但同樣的服裝在平面描繪上可能會露出一邊的胸部——這似乎是某種藝術慣例而非情色化。另一方面，他也接受外觀上幾乎肯定有刻意的性慾可見，在第十八王朝的權貴陵墓中，滿是裸體女性舞者、樂師、僕從（圖12）。因此他認為，在這些背景中，「女體顯然是男性主體凝視的物品」。

古埃及同性慾望的證據

異性戀在埃及文本和圖像中相對容易找到，但同性關係可就不一樣了，這個主題只有偶爾出現的線索和影射，而且就連這些也往往有爭議或難以詮釋。此外，正如某些研究人員所說，異性戀和同性戀這兩類區分的觀念，其實是近代的二分架構，要想套用在遙遠的過去，我們必須自負後果。另外無益的事

圖 12 內巴姆墓地（tomb of Nebamun）裡的女性舞者場景，來自底比斯西岸，約西元前 1160 年（大英博物館編號 EA37984）。（© The Trustees of the British Museum）

實是，相較於現代藝術和文學，古埃及資料中的明顯性慾指涉相對少很多（雖然有上面提到的某些陽具中心宗教圖案）。個人之間的任何一種性行為都很少呈現出來或是去討論——少數著名藝術上的例外是杜林情色莎草紙（Turin Erotic Papyrus）、一些情色陶片，還有一幅著名的速寫，位於哈謝普蘇祭祀神殿上的某個中王國陵墓入口處（最後這項常見的臆測詮釋是，這個場景是大臣塞尼穆特從後方插入女王）。

同性交媾的主要文學隱喻出現在荷魯斯與賽特（Seth）神話的諸多版本中，牽涉到年輕的荷魯斯神與他叔叔賽特之間的肛交——最早的例子出現在金字塔文（Pyramid Texts）中：「荷魯斯的精液緩慢進入賽特的臀部；賽特的精液緩慢進入荷魯斯的臀部。」在這個神話後來的版本中，例如第二十王朝的切斯特・比替一（Chester Beatty I）莎草紙上，敘事似乎強調賽特的雞姦者角色，行為上也似乎幾乎都是賽特支配荷魯斯。這裡的含意是，當時的埃及人對於同性戀本身抱持中立的態度，但是著重在被插入者明顯可見的軟弱上。

找尋法老時代埃及同性關係的關鍵證據之一，是薩加拉一座第五王朝的陵墓，屬於一對男性王室美甲師，名叫尼安克克努姆（Niankhkhnum）與克努姆霍特普（Khnumhotep）（約2445-2421 BC，圖13）。這兩個人不只共用陵墓，墓室牆上也刻劃著兩人彼此擁抱，有一度還互碰鼻子，這通常可以當作是描繪親吻行為的場景。有趣的是，兩人似乎都有妻子，但是兩人的女性伴侶在陵墓裝飾中微不足道（各自都只出現過三、四次，但丈夫卻大約現身三十次）——正如娜迪尼·薛朋（Nadine Cherpion）所說：「這麼說吧……心理上，陵墓裡容不下她們，尤其是在尼安克克努姆與克努姆霍特普互相擁抱的圖像中。」應該要強調的是，並非所有的研究者都同意這兩人是戀人——另一種持續存在的看法是，他們可能是雙胞胎（就像大英博物館中某個新王國石碑上的兩個男人，名叫霍爾和蘇蒂，Hor and Suty），他們甚至可能是連體雙胞胎。不過學者如葛瑞格·里德（Greg Reeder）強烈認為，尼安克克努姆與克努姆霍特普在身體上的密切接觸，包括一座握手的雙人雕像，能與之比擬的，似乎只有其他陵墓中的異性戀情侶了。例如在某個場景中，克努姆霍特普手持蓮花湊近鼻子，在早期年代中，

圖 13　第五王朝的兩位王室美甲師，尼安克克努姆與克努姆霍特普，位於薩加拉馬斯塔巴平頂墓穴的壁畫裝飾，約西元前 2445-2421 年。（照片來源：dbimages / Alamy Stock Photo）

那姿態幾乎總是與女性有關聯。在陵墓最深處的墓室入口場景，描繪兩人非常靠近，幾乎完全像是卡哈海（Kha-hay）與他妻子瑪利耶（Meret-yetes）擁抱的樣子，那就在附近一個稍微早期的陵墓中。儘管里德的論述很有說服力，許多埃及學家依然懷疑，認為這只不過是把現代觀點投射在古代圖像上罷了。

古埃及的族裔、種族、性慾，想必是當前埃及學研究最具爭議也最吸引人的領域。既然現代西方世界自身深陷認同危機之中，從「種族清洗」、「種族仇恨」到女性主義、LGBT+ 等議題，不意外地，古埃及的資料素材也就有了新的利用價值。

第七章

死亡

納爾邁調色板和納爾邁權杖頭是國王納爾邁統治時期最重要的兩項文物，發現地點都是希拉孔波利斯。但是納爾邁本人的墓地經確認在阿比多斯，位於希拉孔波利斯西北方一百五十公里處。他的陵墓似乎與其他第零王朝和第一王朝的統治者並列在B墓地（Cemetery B），在阿比多斯西部邊緣的烏姆卡伯遺址。

事實上，是阿比多斯一座稍晚期的第一王朝陵墓——國王哲爾之墓（他可能是納爾邁的孫子）——與本章主題最相關：奧西里斯崇拜與埃及人對死者的態度。哲爾之墓占地七十乘四十公尺，包括成排的附屬墓地，是阿比多斯的早期王朝王室墓地中最大的。弗林德斯．皮特里就是在這裡發現部分亞麻包裹的手臂，佩戴著貴重的手鐲，藏在墓地北方的牆壁中，因此在古代陵墓焚毀時倖存下來。這可能是整體早期王朝墓地中，真正王室屍體留存下來的碎片，雖然很遺憾地，只有首飾和少許亞麻布留到今日（前者在開羅的埃及博物館，後者在倫敦大學學院的皮特里博物館），因此不可能用科學方法去鑑定肢體的年代，無法肯定是否與哲爾屬於同一時期。

最晚在中王國時期，哲爾之墓已經改為奧西里斯神的衣冠塚紀念碑（名副其實的「空墳墓」），所以這裡成為「朝聖」中心，有神祇的石像，一八九七年法國考古學家艾米爾·阿美利諾首度發掘時，石像還在原地。這個墓穴最後似乎被視為極致的典型王室葬儀紀念碑：神話中奧西里斯神的埋葬之地，整個宗教崇拜都與冥王的觀念密切相關。那麼，奧西里斯是誰，又是怎麼一回事呢？為何他對於我們了解死亡、木乃伊和其他的一切如此重要？

「西方最首要者」

奧西里斯，死亡與來世之神，是埃及眾神最早的成員之一，剛開始大概是與農業有關的繁殖之神，可能也與尼羅河「洪水」有關。就像其他許多主要的神祇，隨著崇拜在國內擴散開來，逐漸地吸收了其他神身上的屬性。在相當早期的時候，奧西里斯似乎就接收了安吉提（Andjety）神的標誌，大概也接收了他的神話屬性，成為死者的統治者。

安吉提的崇拜中心傑都（Djedu）位於三角洲，因此後來改稱布西里斯（Busiris，「奧西里斯之家／聖殿」的意思），據說此處被認定是奧西里斯的脊椎（符號是傑德柱，djed-pillar）。奧西里斯同時結合了繁殖與死亡，幾乎註定了他會成為最終的復活之神。與冥王的連結最晚是在第五王朝時建立起來的，製成木乃伊後的屍體，必須與奧西里斯產生連結，才能得到永生（圖14）。

古埃及的文本往往會透過儀式、各種稱號來間接提到各種神話，不過眾所皆知，埃及文學缺乏簡單易懂的敘事風格神話。要從古埃及文本中重建埃及神話，大概就像是要從一堆聖誕賀卡跟聖歌中的《聖經》描述，去拼湊出耶穌的誕生一樣。因此，奧西里斯相關神話的最佳來源不是埃及資訊，而是很晚才編譯的傳奇故事，出自希臘作家普魯塔克（Plutarch，46-126）。普魯塔克的版本中，有些可以透過埃及來源故事現存的片段證實，但有些可能只是希臘人或羅馬人杜撰出來的。他描述奧西里斯是人類統治者，不小心（！）與弟妹奈芙蒂斯

圖 14　第十九王朝森尼杰姆（Sennedjem）墓地中的奧西里斯神像，位於底比斯西部的德爾麥迪那（Deir el-Medina），約西元前 1280 年。（© Ian Shaw）

（Nephthys）通姦，造成他邪惡的弟弟賽特心生嫉妒，密謀害他。賽特找出哥哥身材尺碼，替他量身打造了一個富麗堂皇的棺材，接著他籌辦宴會，邀請七十二名同謀與奧西里斯出席。在宴會中，他搬出箱子，宣布誰能剛好躺進去，就能得到這個禮物。奧西里斯踏進棺材後，就被關在裡面，蓋子用熔融的鉛封住。棺材被丟入尼羅河中，最後漂流到地中海，在敘利亞的港口比布洛斯（Byblos）沖上岸。這個城市向來與古埃及有密切的關聯，尤其是雪松木的供應，因此大概不奇怪的是，據說這副棺材卡在一棵雪松樹上。

奧西里斯的妻子伊西絲（Isis）最後救了他，把他帶回埃及，在舉行像樣的葬禮前，將棺材藏在沼澤裡。但是據說賽特絆到棺材，憤而將哥哥分屍，把屍塊散布在埃及各地（屍塊的數量在不同記載中的數量也不一樣，從十四塊到四十二塊不等）。伊西絲四處尋找屍塊，然後把把屍塊分別埋葬在發現的地方。普魯塔克版本的故事宣稱，陰莖被尼羅河鯉魚吃掉了（Lepidotus，鱗齒魚），還有法格魯斯魚（Phagrus）和奧克西林庫斯魚（Oxyrynchus），所以必須製作人工陰莖，但值得注意的是，在埃及敘述的片段中，沒有任何一處提到這一點，因為有生育能力的陰莖是崇拜的重要元素。埃及原版的故事還加上了另一段插曲，在奧西里斯的分屍重組成第一具木乃伊之後，他們描述伊西絲透過木乃伊受孕，懷胎生下荷魯斯。受孕的場景有時候會描繪成鳶形的伊西絲，盤旋在木乃伊的陰莖上。這個場景的不同版本曾經出現在阿比多斯的塞提一世神殿索卡－奧西里斯

（Sokar-Osiris）神龕，也曾出現在丹德拉（Dendera）的哈索爾（Hathor）神殿屋頂上。

奧西里斯與伊西絲神話中的許多主要內容，到了古王國時期（2686-2160 BC）都已經證實，包括奧西里斯溺水淹死，還有伊西絲發現他的屍體。認定賽特這個沙漠與混沌之神謀殺了奧西里斯，是在中王國時期的事情（2040-1640 BC），雖然故事沒有明確指出是他分屍了奧西里斯，不過正是分屍的過程，提供了我們深入理解埃及文化的機會。我們很難確定，究竟神話是反映還是誘發了儀式，又或者有其他的過程隱含在留存下來的文本和圖像中，不過在奧西里斯的神話與木乃伊化的過程中，似乎存在著某些連結關係。希羅多德詳細描述了埃及木乃伊製作，主要操作者是「切口者」（paraschistai）和「醃製者」（taricheutai），這兩個詞彙有點不敬，不過卻清楚說明了兩個主要階段：必須先由切口者把屍體切開，某種程度上也就是肢解，然後再由醃製者重新組合、防腐保存。因此奧西里斯神話是非常精確的原型，呈現出屍體保存的實際過程（當然反過來說也可以——神話的出現提供了神的先例，讓人了解製作木乃伊的過程）。

雖然奧西里斯崇拜以各種形式滲透到埃及的葬儀信仰中，但其中有兩方面算是最突出，影響也最廣泛。第一是到了新王國時期，葬儀文本越來越常見到死者與奧西里斯的明確連結，描述死者的命運時，也會刻意呼應神話中的部分內容。第二是阿比多斯遺址成為私人葬儀崇拜的重鎮，阿比多斯有大量留存下來的私人葬儀石碑和紀念碑，說明奧西里斯崇拜變得非常熱門（以熱門這個詞的字面意義來說），至少從古王國末起就是如此。就算無法在阿比多斯當地豎立石碑或紀念碑，大家也會在墓中加入一些物品或圖像，表示他們去過阿比多斯朝聖。想像中的阿比多斯之旅（埃及人稱之為「平靜之旅」）最早出現在中王國的墓穴中，地方首長阿蒙涅姆赫特（Amenemhat）與克努姆霍特普二世（Khnumhotep II）的墓中都有描繪場景，畫出船隻往返聖地，文字描述則說明死者參加了奧西里斯的慶典。許多中王國的墓穴中也有模型船，象徵死者遠行，往返奧西里斯之家。

到了中王國後期，阿比多斯樹立的私人葬儀紀念碑顯然已經氾濫，以至於第十三王朝的統治者威格夫（Wegaf）頒布法令，禁止在宗教遊行的沿途上修建墳墓。奧西里斯式的葬儀特權顯然擴張到直系王室家族之外，對此美國埃及學家約翰・威爾森（John Wilson）曾有句名言評論（但並不準確），稱之為「來世的民主化」。威爾森以及許多後世的埃及學家認為，從中王國之後，以前王室的葬儀特權漸漸擴及一般民眾，讓他們可以親自參與奧西里斯的祭典，因此能獲得先前僅限於國王的葬儀益處。雖然許多關於埃及的熱門書籍（甚至是教科書）也依然抱持這種觀點，但如今很少有學者認為，「民主化」的典範真的能夠套用在埃及社會葬儀祭典的逐漸擴張上。正如馬克・史密斯（Mark Smith）所說：

我們沒有理由去認定，國王對來世的期待跟普通人會有太大的不同，確保來世福祉的祭典，平民舉行起來應該也不會相差太多。一般認定這個領域的創舉必定來自王室，然後再由非王室的個人採用，但是這種假設沒有任何基礎……稍微改變一下，反過來也是有可能。

換句話說，埃及人製作木乃伊和葬儀祭典的起源和本質，不再被視為是王室特有，尤其是因為證據（和年代）往往拼拼湊湊，我們無法很肯定地說，究竟在哪些時間點上，埃及社會中不同的成員採用了死亡和來生的某項策略。

古埃及人的死亡觀

有句老套的話——埃及人徹底沉迷於死亡——恐怕要被另一句陳腔濫調給取代了，因為近來許多書籍都指出，埃及人的墓穴中有充分的證據顯示，他們其實是沉迷於生命，無盡的「日常生活」場景和模型，描繪個人在田裡勞動、釀酒、宴飲、奏樂、跳舞，還有其他各式各樣奮進向上的活動。事實上，如果要用諷刺漫畫來呈現埃及人的話，我們有充分的理由認為，他們真正關心的——就像許多其他文化一樣——是介於死亡和生命這兩個極端之間的某處。當然社會上的權貴階級投入了許多時間和金錢資源來準備後事，我們未必認為這種態度合理。然而同樣確定的是，我們對於埃及社會的看法，總是不成比例地過分留意葬儀事，部分是因為陵墓和其他葬儀相關事物總是位於沙漠中，比起房屋、城鎮和市集，保存狀況更為完好。聚落通常位於比較潮濕的環境中，靠近尼羅河或其他水源，往往也會被現代城鎮給覆蓋掉，因為人本來就會受到比較濕潤、肥沃的地點吸引。發掘出來的證據大多與死亡和來生相關，這也是因為許多埃及學家本身偏好、專門研究這些主題。直到最近，許多研究議題都是針對葬儀或宗教事物，而不是以社會或經濟趨勢為主。雖然近幾十年來，情況有了重大改變，有更多的研究計畫以城鎮的調查和發掘為主。儘管如此，大部分的埃及學證據仍然以死亡而非生命為中心。

古埃及人對於生命和死亡的態度，深受堅定信仰永生的影響，他們認為可以透過各種策略來確保獲得永生，包括敬神、將屍體做成木乃伊、提供雕像及其他葬儀用品。許多陵墓和葬儀文本留存下來，讓埃及學家得以探討這個信仰體制的複雜程度，逐步闡明解釋。古埃人認為，每個人類個體不只是肉體所組成，還有三種其他重要元素，稱為護衛靈（卡，ka）、身魂（巴，ba）、善魂（阿赫，akh），不論生前或死後，這些都是人類生存的基本要素。每個人的名字和影子也被視為生命實體，對於人類的存在至關重要，不只是語言和自然現象而已。個人的本質就包含在這些元素的集合中，缺一不可。

個人由多種身分混合而成的意識，讓我們再次回到肢解（而後重組）的主題，先前在奧西里斯崇拜時我們討論過的。這類主題在埃及人的死亡觀中十分突出，原因之一是如果想確保個人能夠享受來生，就必須精密地進行分解和組合。所有這些分開的要素（身體、護衛靈、身魂、善魂、影子和名字），全都必須保存起來，避免受到傷害。在最基本的層面上，可以透過埋葬時加入整套葬儀用品來達到目的；在最講究的王室崇拜形式上，則可能包括幾座神殿，搭配祭司和源源不絕的祭品，資金通常來自農地的貢品和其他經濟來源。現存各種葬儀文本（金字塔文、棺木銘文，還有各種冥界書）呈現出來的死後生活描述，彼此之間往往互相衝突。

例如有個情況想像人死後會轉換為環極圈的恆星，另一個情況則提出，來世是正常生活的延續，有時候稱之為蘆葦平原。

古代、現代、後現代的木乃伊

直到最近，大家一直認為最早的「人工」木乃伊（相對於只是在沙漠環境中脫水乾燥的屍體），就是早期王朝時代，在阿比多斯、薩加拉、塔爾汗（Tarkhan）的陵墓中發現的那些。然而一九九七年時，由芮妮·傅利曼（Renée Friedman）率領的考古學家團隊，在希拉孔波利斯發掘某個前王朝的平民墓群時，發現三座完整的墓，墓中有女性屍體，頭、頸、手都纏著亞麻布，每具屍體也都裹在亞麻和蓆子裡。伴隨著這些屍體的陪葬品年代大約是西元前三六〇〇年（納卡達第二期文化初期），因此最早利用人工製作木乃伊的時間，比先前認為的要提早更多。不過僅是纏繞部分屍體算不算是製作木乃伊，眾人的意見不一。

有趣的是，其中一名女性在死後被割開喉嚨，表示即使早在此時，就已經有意識地用行動表現出奧西里斯的分屍與重組儀式。

但事情到此還沒結束——由埃及學家賈娜・瓊斯（Jana Jones）率領的英澳科學家團隊，證實製作木乃伊技術的應用，甚至可以往回推到新石器時代。瓊斯檢視了亞麻裹布，源自上埃及拜達里（Badari）地區莫斯塔格達（Mostagedda）的古埃及陵墓，是最早有紀錄的坑墓。他們結合運用了氣相層析質譜儀（GC-MS）與熱脫附／熱解氣相層析法，分析結果在裹布上發現一些有機物質，像是松香、芳香植物萃取物、植物膠／糖、天然石油來源，還有植物油／動物脂肪，以放射性碳定年法測定，年代大約是西元前四三〇〇年至三八〇〇年。因此這些最早的裹布上所含有的防腐材料，跟一千五百多年後法老時代早期的木乃伊製作，顯然是用同樣的原料、比例大致相同，依據同樣複雜的方法製作而成。瓊斯與她的團隊認為，新石器時代屍體防腐使用的這類材料，已經表現出意識到某些物質具有防腐特性，並且顯然也成功保存了局部的軟組織。

某些法老時代初期的埃及木乃伊，似乎演變為只注重保存身體的形象——因此西元前三千紀左右的某些早期木乃伊，只是塗上石膏和顏彩，保存屍體外殼，但任由裡面的肉體日漸腐爛。後來比較精密的技術逐漸發展，表示漸漸能夠保存更多原本的屍體，最後在新王國晚期和第三中間時期（1200-900 BC）達到巔峰。到了西元前五世紀中，希羅多德詳細描述製作木乃伊過程之時，據信這項技術已經開始沒落，推測部分原因可能是為了滿足「大量生產」的需求，因為木乃伊製作已經普及到大量的族群中。二〇一八年時，有個埃及德國考古團隊在薩加拉發掘一座後期的屍體防腐工作坊，年代大約是西元前六〇〇年至四〇〇年。工作坊裡發現許多這類器材，可能是希羅多德那年代用來製作人體和動物屍體木乃伊的用具。工作坊裡的開放空間有兩個大盆子，從前可能是裝泡鹼用的，這種鹽可以讓屍體脫水。發掘的物品中也包括許多量杯，附有寫著僧侶體和世俗體說明的標牌——這些量杯應該曾經裝著各種油類，用來進行屍體防腐——一旦分析了殘留物的內容，就有可能推斷出這個年代使用的術語和方法，找出某些關鍵的屍體防腐原料。

透過製作木乃伊來保存身體，是古埃及葬儀習俗很重要的一部分，因為身體是護衛靈或分身要返回之處，才能得到寄託。如果身體灰飛煙滅或是難以辨認，那麼護衛靈就無以為繼，抵達來世的機會也就減少了。

我最早遇到埃及護衛靈的概念，是丹尼斯·惠特利（Dennis Wheatley）的小說《傑福希拉里之護衛靈》（*The Ka of Gifford Hillary*），一九五六年出版，這本書必定是吸引我走向研究埃及的一小部分原因。如今我知道小說中的同書名鬼魅般現象（此物能夠四處遊蕩，找出謀殺自己的兇手，就像一九八〇年代電影《第六感生死戀》〔*Ghost*〕的主角一樣），大概比較像是身魂而非護衛靈（關於兩者的差異，詳見書末詞彙表），不過考慮到現代書籍電影對於埃及學造成的更大破壞，找惠特利挑毛病似乎就有點無禮了，至少他還認真做過一點研究。

木乃伊（及其復活）在文學和電影上歷史悠久，至少可以回溯到一八二七年，當年珍·韋柏·勞敦（Jane Webb Loudon）出版了《木乃伊——二十二世紀的傳說》（*The Mummy—A Tale of the 22nd Century*）一書，大金字塔的建造者胡夫（Cheops）在故事中復活了。這本書的類型基本上算是哥德式小說（Gothic fiction），就像稍早時瑪麗・雪萊（Mary Shelley）出版的《科學怪人》（*Frankenstein*）一樣。後來在木乃伊類型小說中領先的小說家，有許多名字廣為人知：泰奧菲爾・哥提耶（Théophile Gautier，《木乃伊之足》〔*The Mummy's Foot*〕，1840）、埃德加・愛倫坡（Edgar Allan Poe，《與木乃伊的談話》〔*Some Words with a Mummy*〕，1845）、哈格德（H. H. Rider Haggard，《她》〔*She*〕，1887；《史密斯與法老》〔*Smith and the pharaohs*〕，1912-13）、亞瑟・柯南・道爾爵士（Sir Arthur Conan Doyle，《托特之戒》〔*The Ring of Thoth*〕，1890、《第249號木乃伊》〔*Lot No.249*〕，1892）、伯蘭・史托克（Bram Stoker，《七星珠寶》〔*The jewel of Seven Stars*〕，1903）、薩克斯・羅默（Sax Rohmer，《睡著的她》〔*She Who Sleeps*〕，1928，及許多其他作品）。尼可拉斯・戴利（Nicholas Daly）提過一個很有意思的理論，他認為維多利亞時代晚期與愛德華時代大量出現的木乃伊故事，是受到大英帝國本質變化的啟發，木乃伊在下意識中代表了帝國創建者所追求的危險異國素材。

最早的重生報仇木乃伊電影也許是《克莉奧佩脫拉》（*Cléopâtre*），由喬治・梅里愛（Georges Méliès）在一八九九年製作的一分鐘默片，不過這類劇情長片中最著名的絕對是《木乃伊》（*The Mummy*），由卡爾・弗蘭德（Karl Freund）在一九三二年執導，鮑里斯・卡洛夫（Boris Karloff）飾演印和闐（Imhotep）。在弗蘭德的電影中，印和闐的屍體在考古學家朗讀「托特卷軸」時復活了。這個情節其實取材自古埃及軼事中，一個少見的屍體復活例子、薩特納・凱姆瓦薩特（Setne Khaemwaset）的輪迴，在托勒密及羅馬時期以世俗體文字寫在莎草紙上。不過電影的主要文學來源似乎是尼娜・魏考克斯・帕特南（Nina Wilcox Putnam）的《卡里歐斯特羅》（*Cagliostro*）。哈格德的《她》（電影劇本由約翰・鮑爾德斯頓撰寫，《木乃伊》的劇本也是他寫的），還有柯南・道爾的《托特之戒》，都有可能影響了這部電影。從一九三〇年代開始，就有大量其他的木乃伊電影，事實上多到足以自成一個類型。大概最好不要討論艾力克斯・寇茲曼（Alex Kurtzman）在二〇一七年翻拍的《木乃伊》（即《神鬼傳奇》），湯姆・克魯斯（Tom Cruise）還因此得到一座金酸梅獎最爛男主角，寇茲曼則被提名最爛導演。

詛咒……

要討論木乃伊，我們就不能忽視在文學和電影中，尤其是在二十世紀，木乃伊與駭人詛咒之間的持續關連，通常受到影響的是打擾埃及屍體安息的考古學家。這些是從何時開始的？更重要的是，是真的嗎？關於問題的第二部分，答案是如果詛咒真的存在，那麼我和幾個埃及學家同事，肯定早就被蚊子感染得了重病，就像卡納馮勳爵（Lord Carnarvon）在開啟圖坦卡門墓之後不久死去。至於這種說法從何而起，可以肯定的是，為了避免墳墓遭到破壞或怠慢，古埃及的喪葬碑文中會帶有某些威脅，因此這些是相當早期所謂的證據。但是如果要找出宣揚這類詛咒真會應驗的人，那麼馬上會想到埃及學家亞瑟·魏格爾（Arthur Weigall）。他替《每日郵報》（*Daily Mail*）擔任記者，報導最初幾個星期，圖坦卡門墓搬移葬儀用品的過程。彷彿這項發現本身還不夠令人興奮似的，魏格爾似乎靈光乍現，提到了詛咒（雖然他宣稱自己並不相信），替自己的報導加油添醋。最早利用木乃伊詛咒來寫小說的作家大概是露薏莎・梅・奧爾科特（Louisa May Alcott），《小婦人》（*Little Women*）一書的作者。她在一八六九年發表了一篇故事，名為《在金字塔中迷失：或木乃伊的詛咒》（*Lost in a Pyramid; or the Mummy's Curse*），所以關於詛咒的主題，魏格爾可以好好利用五十年來的小說素材。

第八章

宗教

納爾邁調色板上有一對母牛頭，頂著巨大的彎角，是早期母牛女神巴特（Bat）圖像的一部分，她是上埃及第七個諾姆（nome，行政區）的守護女神。她並不出名，部分原因是到了中王國時期，對她的崇拜已經被另一個更出名的母牛女神哈索爾給取代了。哈索爾呈現出來的形象可能是一個牛頭或母牛頭的女人，但巴特（偶爾出現在埃及藝術中的時候）常常被描繪成叉鈴的樣子（sistrum，這是一種像撥浪鼓的樂器，通常由女性演奏）。納爾邁調色板上看不到身體，不過金字塔文中描述巴特「生為雙面」，符合她在納爾邁調色板上兩面都出現的形象。在埃及的宗教歷史上，次要神祇的崇拜一直持續被取代，融入那些比較廣泛受膜拜、受國王青睞的神祇之中。

正如埃及宗教最具影響力的研究者之一、艾瑞克・霍隆（Erik Hornung）所說，「埃及神祇不斷改變的本質和表現形式，就像是埃及的神殿，永遠未完成，總是『施工中』。」霍隆也認為，法老時期大多時候，大概有某種形式的一神論，潛藏在表面多神崇拜的埃及宗教之下。

談到埃及學家對於古埃及宗教的觀點，巴特的母牛頭是個不錯的起點，因為混合獸頭或鳥頭的神祇，通常都是我們第一個想到的圖像。另外值得注意的是，這些半人半獸組成的繁複神祇，似乎至少與埃及一部分的人口有直接的互動。我們和古埃及人的世界觀之間，最重要的不同之處在於形而上學。我們會明確區分自然與超自然的世界（這是繼承希臘哲學思想的一部分），而埃及人則認為，神祇與人類會在同樣的社會和物質層面互動。

如果說古埃及文化在整體上往往難以理解，那麼埃及宗教大概就是埃及學家必須處理的最棘手問題之一。大量留存下來的埃及藝術都與宗教有關，但是去描述、分類，要比有效的分析或詮釋容易多了。埃及學家難以確鑿回答的許多問題如下：埃及人是否真的認為，他們的神祇以人類和非人類特徵混合的形象，存在於「真實世界」中？從疑似可信的隼頭荷魯斯神，到（在我們看來）難以置信的太陽神凱布利（Khepri），竟是個頭部完全由聖甲蟲取代的人類。又或者他們創造出這些圖像，只是用精巧的符號和隱喻來代表神祇的特徵或個性？看到豺狼頭部的人像替死者的屍體防腐時，我們是否該相信，真的是冥界之神阿努比斯（Anubis）負責製作所有的木乃伊？又或者我們看到的是負責替屍體防腐的祭司，只不過頭戴面具，讓他能扮演神祇？（若是如此，那麼當時這位祭司是真的化身為神，還是在儀式中模仿而已？）有個原尺寸的阿努比斯陶製面具留存下來（現存於德國希德斯海姆的佩里宙斯博物館，Pelizaeus Museum），不過這個面具無法真正回答上述問題。埃及學家急於解答這類問題的部分原因，可能源自於我的渴望，想找出古埃及的思想體系是否與我們有根本上的差異，又或者只是表面上看來如此，畢竟他們的表達方式，如今我們很難加以詮釋。

多數學者在描寫埃及宗教的時候，主要著重於聖殿結構的遺跡，還有神學思想相關的文本和圖像。巴瑞．坎普指出，我們關於埃及「神殿宗教」的大部分知識，都與大型國家神殿的象徵符號和儀式有關，對於大家使用這類建築的方式，包括祭司、抄寫員或一般平民，我們仍然所知甚少。一般民眾顯然很少獲准穿越神殿外庭以外的地方，只有在節慶時，偶爾將神像從一個神龕移到另一處去，在這些罕見的時候，「普通人」才能跟崇拜的神像有實際上的互動。對於許多埃及學家來說，可以依此斷言，埃及宗教是建立在保密和揭祕的概念上，兩者都是透過由神話、儀式和神殿建築來支持並闡明。正是在儀式、慶典和戲劇的過程中，神祇的真實性才得以不斷地鋪陳實現。儀式及固定慶典是重複強化神話與現實之間連結的方法，因此每座神殿都不只是單一個神或眾神的「居所」，而是全套的空間，以表演儀式和慶典連在一起。在某種意義上，神殿只是一種方法，去引導、記錄祭品和神像在不同的神龕之間的移動。

宗教起源

埃及宗教的歷史，有一度主要是關於法老時期的信仰和神殿。如今事情變得越來越清楚，跟其他的埃及文化一樣，還有重要的史前埃及宗教必須去記錄、分析，才能正確了解後期的素材。例如在新石器時代的遺址納巴塔乾荒盆地

（Nabta Playa，位於西部沙漠區，大約在阿布辛貝神殿以西一百公里處），一九九二年時發現了環形與線型排列的小型立石（後來為了避免遭到破壞，二〇〇八年時已移到亞斯文的努比亞博物館，Nubian Museum）。這些石頭排列整齊，表示與天文現象相關的石碑——方位基點和夏至——早在西元前四〇〇〇年時就已經出現了。其中一排石頭下方發現了兩個古墳，埋葬的是長角公牛，再往前一點則是牛的墳墓，墓上立著大石頭，發現地點是通往納巴塔乾荒盆地的一處旱谷。這些證據全都強烈表示，某種形式的母牛／公牛崇拜，早在西元前四千紀早期，就已經存在於埃及沙漠的放牧民族中，明顯預示了巴特和哈索爾這類母牛女神的出現，還有埃及國王與公牛之間的緊密關聯。透過比較，可以看出早期史前岩刻畫中的女性人像、前王朝的女性小雕像（圖15），還有法老時期的某些宗教圖像，彼此之間在圖像上似乎擁有高度連貫性。不過就此認定利用類似的圖像或藝術主題，必然表示潛在的宗教信仰有長期關聯，未免太過簡化。

一九八五年至八九年期間，考古學提供了引人入勝的洞見，讓人一窺史前埃

圖 15　前王朝的彩繪黏土小雕像，可能是女性或女神，高舉雙臂。來自納卡達第二期 A 階段（Naqada IIa Period）的瑪馬力亞（el-Ma'mariya），約西元前 3600 年（布魯克林博物館編號 07.447.505）。（© Brooklyn Museum of Art, New York, Charles Edwin Wilbour Fund [07.447.505]）

及末期宗教發展的關鍵階段。希拉孔波利斯一處前王朝城鎮部分開挖（地區編號HK29A），發現一大片區域，據詮釋是早期的宗教用綜合建築物，大概包括了一座抛物面型庭院、一個巨大神像之類的物品、一個儀式用門，還有四個大型插旗孔，可能標示出紀念碑正面的位置。全部的年代都在納卡達第二期B階段到三期A階段之間（約3600-3350 BC）。就像納巴塔乾荒盆地遺址裡的遺存一樣，這裡也有大量屠宰和宴飲的痕跡，與早期儀式建築有關。動物獻祭與堆放祭品敬神的行為，是埃及早期宗教的關鍵要素，在後來的年代中，依然主導埃及人的祭祀活動。編號HK29A地區在二〇〇二年和二〇〇八年新發掘找到一大片木頭柵欄圍牆，表示這個綜合建築只是龐大場地的一部分，涵蓋範圍可能超過一公頃。希拉孔波利斯比較近期的發掘，也發現了其他大型木柱構造——與權貴葬禮有關，因此可能是用來重現喪葬儀式——大約跟編號HK29A地區的儀式區域在相同年代興建。二〇〇〇年代初期時，同樣早期的木柱儀式構造也在馬哈斯納和納卡達的遺址出土，表示希拉孔波利斯編號HK29A地區並非單獨的早期神殿建築例子。

這些神殿庭院之間的早期強烈關聯，還有提供祭品獻祭，一直是後來埃及神殿圖像及文字裝飾的主流。在法老時期與希臘羅馬時代，很多神殿牆上的銘刻文字都是列舉獻給神龕的祭品性質和數量。例如在祭祀拉美西斯三世的梅迪涅特哈布神殿牆上，就裝飾著七十一種祭品，是現存新王國王室祭祀神殿中，最龐大的祭品清單。最常見的祭品是麵包（表示「祭品」的象形文字，的確就是畫出一塊擺在墊子上的麵包）。清單列出每天要獻上麵包五千五百塊、啤酒兩百零四罈。麵包有幾個不同種類，最常見的是圓形的培申（pesen）和圓錐柱狀造型的彼特（bit），這些麵包提供了少見的機會，讓古埃及的文字與考古層面可以對應連結，因為在梅迪涅特哈布和其他宗教遺址上，都發現過圓錐柱狀麵包彼特的模具碎片。這些彼特麵包似乎跟宗教慶典的關係更為密切，不只是一種日常標準款麵包。

如果提供祭品代表了埃及宗教中，現代西方觀察者相對比較熟悉的一面，那麼另一個許多宗教崇拜中反覆出現的主題，卻是十九世紀晚期、二十世紀初期不少埃及學家，常常寧願忽略的層面（或者至少是掩蓋），那就是「陽具中心主義」的傾向，包括崇拜陰莖非常明顯的神祇（尤其是敏神和阿蒙神）。雖然埃及藝術避免描繪性行為，他們倒是不擔心表現出勃起的陰莖。正如湯姆．海爾所說，「讚頌陰莖是埃及宗教著名的重點之一，從前王朝時期到羅馬占領時期都是如此。」埃及史上最古老的三大宗教雕像，是由弗林德斯．皮特里在科普特斯（Koptos）的敏神殿最早期的地層中所發現的（現存於牛津的艾希莫林博物館和開羅的埃及博物館），基本上就是大型的勃起陰莖形象，大概是代表生殖之神敏。這些雕像的年代有爭議，難以定論，不過據信不會晚於西元前三一〇〇年，也就是納爾邁時期。讚頌陰莖似乎與埃及人對於天地萬物的創造（和延續）直接相關，大家認為國王在此扮演了重要的角色——這無疑也是原因之一，讓埃及這個國家一直要確保陰莖在許多崇拜中，維持重要的地位。

埃及的宗教和王權

法老時期國王在宗教中占有主導地位的證據，使得某些埃及學家認為，幾乎所有由國家控制的宗教崇拜，在某種意義上，都是為了將注意力集中在王室身上。這種情況最好的形容方式，大概是埃及宗教習俗中很常見的一句話：所謂的「祭品慣例」。這句話出現在各種祭品清單的開頭，由 hetep di nesw 這些字所組成（國王提供的祭品）。換句話說，每一個人祭祀和供奉神祇，都受限於他們與國王的關聯。隼神荷魯斯是納爾邁調色板正面最顯眼的圖像之一，這表示幾乎相當於荷魯斯的國王，在第一王朝的宗教崇拜慶典和祭祀中，已經扮演著中心角色。

我們也可以說，納爾邁調色板的整體目的之一，就是用來闡明國王在向神獻祭這個行為中的角色。祭品從水果、被殺掉的敵人或是戰俘都有可能。調色板的裝飾有一些時常重複出現的圖像主題：第一是國王重擊外邦人，第二是聚落的圍城攻占，第三是綑綁戰俘處決，第四是向埃及眾神獻上戰利品。這些全都包含了一個非常簡單的主題，那就是埃及國王的角色是代表眾神去征戰，再帶回戰俘和戰利品獻給神殿裡的眾神。在比較後期之時，王室軍事行動遠征努比亞和敘利亞—巴勒斯坦，成為神殿牆上描繪的主題，也呈現出非常類似的情節順序。

宗教和意識形態

上述討論了崇拜、神龕和神殿的出現及發展，另一方面則有留存下來的埃及意識形態和社會行為規範紀錄，我們必須確實地去區分這兩者。古王國的墓室主人似乎已經感覺到，有必要維護自己對墓碑的著作人格權，以確保他們能安享來世。因此他們每個人都會宣稱，自己的墓地興建在新土地之上，工匠已經得到報酬等等。不過漸漸地，在這些比較實用的聲明中，開始附加上道德主張。法老時期公認的社會行為準則、是非區分，往往都與葬儀信仰和崇拜需求緊密相關。因此最早出現的埃及哲學和道德觀念，蘊含在葬儀文本中。起初是各種陳述的形式，包括祭品慣例在內，特別會寫在所謂的「假門石碑」（false-door-stele）上。後來這些要素則是出現在稱為「個人自傳」的文本中，例如哈爾胡夫（Harkhuf）的自傳（在亞斯文），或是安赫提菲（Ankhtifi）的自傳（在莫艾拉，el-Moalla），死者通常會列出自己的善功。安赫提菲是第一中間時期少數有個人傳記留存下來的貴族，他說道：

> 我是個誠實的人，無人能比，他人被迫保持沉默的時候，我能直言不諱……整個上埃及都死於飢荒，人人都餓到吃自己孩子的地步，但是我不願見到這個行政區裡有任何人餓死，我安排籌借米糧給上埃及，也從上埃及把米糧送給北部。我認為之前的行政首長，從未做過像這樣的事情……

安赫提菲無疑熱中於建立連結，把自己身為地方首長的成就，和道德權威連在一起。這些葬儀文本往往主要是為了合理化和澄清個人行為，證明自己在道德背景中站得住腳。

一些埃及道德規範的實用陳述，都以塞拜特（sebayt，字面意思是「教誨／指引」）的形式留存下來，每則都包含了一些「真誠生活之道」的格言，主要寫在莎草紙上，年代從古王國時期一直到羅馬時期（約 2500 BC-AD 325）。這些紀錄中現存最古老的例子，描述的是人需要哪些特質，才能夠確保今生與來世都成功。個人應該要迎合上意、扶貧濟弱。已知最早的塞拜特據說出自第四王朝智者哈爾傑德夫（Hardjedef, 2525 BC），另一個類似的文本則據說是普塔霍特普（Ptahhotep）的作品，他是第五王朝統治者傑德卡拉（Djedkara Isesi）的維齊爾。這些指引可能並非真的是傳說中的作者所寫，其中有許多篇的創作年代，幾乎可以肯定比宣稱的時間晚多了，包括哈爾傑德夫的作品在內。這些指引在法老時期維持熱度不墜，其中兩篇還被認為是國王的作品。

然而從西元前兩千紀起，塞拜特描述的道德規範不再那麼世俗，傾向於透過虔敬神祇而非物質成就來衡量美德。現存兩則希臘羅馬時期的重要指引是《安肖桑基的教誨》（Sayings of Ankhsheshonqy，大英博物館編號 EA 10508）和依新格莎草紙（Papyrus Insinger，現存於荷蘭萊頓國家古物博物館，Rijksmuseum van Oudheden）上記錄的格言，兩篇都以世俗體文字寫成，相較於法老時期的塞拜特，收錄的警句都更為簡短。

埃及人的道德和宗教思想中心概念是瑪特（maat，這個詞通常翻譯成「真理」或「和諧」），類似於天地萬物初創之時，那種最初的寧靜祥和狀態。艾瑞克·霍隆認為埃及宗教是最早試圖回答全體共同問題的文明之一：

> 埃及人與蘇美人共同留下了最早的證據——雖然早但絕不原始——關於人類的思想……早在西元前三千紀時，埃及人就想到了後期歐洲哲學思考的問題，即使到今天也尚未解答——關於存在與不存在、死亡的意義、宇宙和人類的特性、時間的本質、人類社會的基礎和權力的正當化。

第九章

埃及熱潮

起初納爾邁調色板被詮釋為一種歷史紀錄，記載一些征服外邦人的軍事勝利，或者是征服了下埃及，達到埃及國家首次的統一（詳見第三章）。然而近來有觀點指出，那些浮雕裝飾只是描繪出一些儀式（大概與王權有關），舉行的年代就是調色板作為祭品獻給神殿或墓室的那一年。埃及學家以各種方式解讀過儀式用調色板與權杖頭的其他許多方面。就像納爾邁調色板經常被賦予非常文字敘事的解讀，納爾邁權杖頭曾經廣泛被認為是國王與「北方公主」的婚姻紀念物。這個理論主要依據的假設，是一幅描繪無蓄鬍人像搭轎子的圖像，認為這個圖像代表了王室新娘，但有人指出，安坐者可能是神祇的形象，甚至未必是女性。這些說法是個好例子，能說明埃及學家分析、詮釋原始資料的方式，他們塑造出來的過往形象，往往下意識地反映出當代的社會或政治背景。

埃及學已經迅速朝著各種不同的方向發展一段時日了，目前還無法預測，最終哪個領域會比較有成果、激發人心，或是問題百出。但有一點無法忽視，那就是古埃及已經不再是相對默默無聞的的學術研究對象——如今已在公共領域，有許多「另類埃及」，無論如何，都與我們認為的「真實」原版並存。替不同觀眾、不同目的重新塑造埃及的過程中，有許多參與者，從記者、藝術家、電影製片、音樂家、廣告製作人到「金字塔白痴」（pyramidiots），當然還有大學講師和博物館策展人。在重複利用開發古埃及資料庫的過程中，文化與歷史的某些層面往往會吸引不同的年齡層或觀眾。正經埃及研究與大眾化趨於二分的狀況，早在一八六四年時就由奧古斯特・馬利特（Auguste Mariette）提出，他對第一座埃及古物博物館的評論如下，博物館是由他本人在前一年剛創立的：

當然了，身為考古學家，我傾向於責怪那些無用的展演，對科學沒任何好處。但如果博物館能因此吸引到該有的觀眾，如果他們更常回來，因而得到研究的品味，還有對於埃及古物的喜愛之情，那麼我就達到目標了。

在埃及學之外，現代對於古埃及的看法是一盤濃稠雜燴，成分有木乃伊懸疑劇、好萊塢大片、賣座的新世紀偽科學、俗氣的觀光客紀念品，但也有一些永恆的圖像——那些臉部肖像和文物，任由觀看者一時興起，從原本的古老背景中剝離出來，漂浮在後現代的真空之中。在本章中，我會檢視埃及熱潮的現象，那些零碎殘骸藉此在二十一世紀初沖刷上岸，最後以料想不到的方式，堆放散落在我們的現代文化景觀之間。

埃及學中的詮釋：以金字塔學為例

過去這些年來，詮釋爭議最激烈的主題之一，顯然就是金字塔的造型，為何採取這種形狀？這種建築形式的目的是什麼？「金字塔學」幾乎可說是一門獨立學科，注意力不只集中在外型，還有金字塔精確的尺寸、空間配置以及墓室內部的細節布局，某些內牆上銘刻文字的意義。不用說，許多曾經提出來的理論，是埃及學歷史上最不合理、最沒邏輯的說法，因為眾所皆知，金字塔似乎會對某些研究人員和狂熱分子的心智能力造成影響。不意外地，根據在不同時間點選擇的解釋，我們既可以了解問題所在，同時也可以了解研究者。

用常識來解釋是個不錯的出發點，據說金字塔的造型是建造高聳紀念碑最穩固的結構，能夠最有效地利用建築資源，又最能夠維持長期穩定。對於許多人來說，這個說法的缺點在於忽略了兩個可能性：一、外星人殖民地球，二、古埃及傳統出現之前，就已經有繁盛數千年的未知文明存在。也曾經有人鄭重向我表示，金字塔不是建造出來的，而是鑿掉四周的石頭以後形成的——這其實沒能真正解釋金字塔的造型，不過這個例子充分說明了大家對於破解金字塔有無窮的渴望，但多半是基於想像而非邏輯。

有則流傳已久的金字塔神話，將金字塔與《聖經》中約瑟（Joseph）的故事連在一起——早在西元五世紀時，羅馬作家朱留斯・霍諾留斯（Julius Honorius）就指出，金字塔是約瑟的穀倉。一八五九年時，約翰・泰勒（John Taylor）提出理論，認為大金字塔是由入侵的外族在上帝指引下建造的。中世紀的阿拉伯作家認為，金字塔是在諾亞洪水期間所興建，目的是為了儲藏埃及人的智慧和科學知識。這些說法有一個共同點，就是認定金字塔在某方面與《聖經》中埃及的角色有關聯，因為許多早期學者研究埃及，都是出於神學動機（詳見第一章）。

維多利亞時代偉大的埃及熱中者查爾斯・皮亞齊・史密斯（Charles Piazzi Smyth）是皇家天文學家，也是愛丁堡大學的天文學教授，他在金字塔研究中，設法結合了《聖經》與天文學的方法。皮亞齊・史密斯深受先前提過的泰勒理論影響（他認為金字塔的尺寸相當於是依照世界整體比例的某種紀錄）。一八六五年他在吉薩進行調查，宣稱吉薩金字塔以「金字塔英吋」（pyramid inches）建造出正確的尺寸，正好概括了地球的圓周，根據泰勒的說法，埃及人可以根據圓周率的知識計算出地球圓周。皮亞齊・史密斯接著在他的三冊書籍《大金字塔的生活與工作》（*Life and Work at the Great Pyramid*, 1867）裡提到，金字塔英吋這個度量單位，也是諾亞方舟和摩西會幕建造者所使用的單位。既然金字塔英吋幾乎跟英制英吋完全相同，只差一小步就能得出結論，認定英國人就是失落的以色列部族，替皮亞齊．史密斯反覆思考金字塔研究的種種影響，巧妙地添加了維多利亞時代氾濫的帝國主義。

晚近關於金字塔的造型和目的，討論都著重在天文學與金字塔之間無疑存在的連結。一直都有人認為，大金字塔上所謂的「通氣孔」具有某種天文功能，因為這些通氣孔顯然巧妙對準了好幾顆恆星，其中包括獵戶座（埃及人稱之為沙赫，Sah），可能是國王身魂將來的目的地，讓他升上天空成為拱極星之一。凱特．史賓斯（Kate Spence）指出，金字塔的建築師讓四邊對齊方位基點的方法，可能是看著兩顆繞著天北極旋轉的恆星位置（小熊座b星及大熊座z星）。然而史賓斯的理論有個重大問題，這些恆星在西元前二四六七年時應該會正好對齊，但是最近的放射性碳定年法顯示（詳細討論見第三章），古夫的統治時間大約比這個年代早了一世紀。儘管如此，她的假設依然能夠得到證實，因為之前或之後的金字塔方位偏差，可能都與上述提到兩顆恆星偏離正北方的程度緊密相關。

有些暢銷書會特別著重所謂的「獵戶座奧祕」，認為吉薩三座金字塔的排列方式，是為了象徵組成獵戶座腰帶的三顆恆星。金字塔的設計中無疑涵蓋了天文因素，而這類書籍往往只著重這一點，讓作者得以在書中加入推測，認為可能有外星生物參與金字塔的建造（這麼做很輕易就能利用現代流行文化的想法，例如一九九四年的電影《星際奇兵》〔*Stargate*〕中所呈現出來的觀念）。一九六〇年代末，艾利希．馮．丹尼肯（Erich von Däniken）的暢銷書《諸神的戰車？》（*Chariots of the Gods?*）指出，人類早期文化曾經廣泛受到外星生物的影響。自那之後，只有少數作者明確宣稱是外星人建造了某些歷史遺跡，不過透過利用金字塔的天文因素，研究者如羅伯特．鮑瓦爾（Robert Bauval）和葛瑞姆．漢卡克（Graham Hancock），藉此得以至少暗示有某種「外力」介入金字塔的建造。

大部分的埃及學家認為，金字塔採用如此外型的真正原因，必定繫於埃及人自身的宗教和葬儀信仰，就像他們的文本和圖像中所示。其中一種可能性是階梯金字塔和真正的金字塔都代表著原始的沙堆，堆放在最早期的坑墓上，可能也與早期的土墩建構有關。金字塔文（第五王朝末之後，金字塔內牆上的銘刻）有某些段落，能證實階梯金字塔的詮釋（比較早期的金字塔形式，典型的例子是薩加拉的第三王朝國王左塞爾金字塔），確實就是往上的階梯，能讓國王登高，躋身群星之中。其他地方的金字塔文提到國王踩著太陽光芒到達天堂，因此真正的金字塔可能象徵著灑落地面的陽光。

上述看法都屬於我們熟悉的理性主義模式，藉由這種模式，埃及學家利用古代的資料來探索古埃及人本身對於金字塔的討論。巴瑞．坎普總結了埃及學家常常利用知識的方式——也許比他們自己了解的更「有創意」——試圖重建關於像金字塔這樣的文化現象，古埃及人會有的思想模式：

我們可以重新思考古代的邏輯，不過這會造成一個有趣的錯誤，因為很難知道何時該停下來……一系列的學術猜想也許既忠於古代思考，又充分利用現有的資源，但終究我們無從得知，古人是否真的曾經這樣想過。現代書籍和學術文章對古埃及的思想體系加油添醋，大概跟以現代西方術語解釋的程度不相上下。

阿瑪納議題

身為一本關於古埃及的概論書籍，眼看到最後卻還沒有詳細討論娜芙蒂蒂或克莉奧佩脫拉，大概也算是某種紀錄了。這兩人顯然是古埃及最受歡迎的崇拜對象（另外的成員當然還有阿肯那頓和圖坦卡門）。這些古代人物除了是許多現代狂熱者最著迷的層面，也是埃及學成為二十一世紀流行文化中活躍一部分的重要原因。這些崇拜對象受到利用的方式，可以讓我們大概了解大眾媒體對埃及吸收的情況。

按照年代先後順序，我們應該先來看看阿肯那頓和娜芙蒂蒂。毫無疑問地，阿肯那頓統治期間，也就是西元前十四世紀中葉，是埃及新王國（1550-1069 BC）在宗教和藝術上最不尋常的階段（先不說整個法老時期的話）。在統治期間最初幾年，他似乎顯露出對於太陽神阿頓（字面意義是「日輪」）崇拜的癡迷，比起傳統埃及眾神，這個神祇相對比較抽象。他在許多地點興建阿頓的宗教紀念碑，不過主要集中在卡奈克東部和阿赫塔頓（阿頓的地平線），後者是他建立的新首都，所在地點據稱是處女地，位於今日埃及中部的阿瑪納。阿瑪納這個名稱包含了阿肯那頓與其短暫後繼者的統治時期，由於阿肯那頓和他的所作所為，在他死後不久就受到謾罵，幾乎所有的紀念碑都遭到拆除，他的名字也從留下來的遺跡上被抹除了。因此直到十九世紀的考古學家發現之後，阿瑪納時期的歷史才開始由眾多留存的碎片中重建起來。

回顧二十世紀初以來對阿肯那頓的看法很有趣。起初他享有盛譽，亞瑟・魏格爾的國王「傳記」將他描寫成宗教創始人，其所創立的「宗教如此純粹，必須跟基督教相比才能發現缺點。」托馬斯・曼（Thomas Mann）在浪漫小說《約瑟》（*Joseph*）中將他當成英雄。不過到了一九五〇年代時，埃伯哈德・奧托（Eberhard Otto）將他描述成一個自我中心、醜惡、專制的人。一九八〇年代時，唐納・瑞福則表示，「阿肯那頓破壞居多，創造很少……不論曾經成就什麼，阿肯那頓絕對不是一個多聰明的人。」

阿肯那頓在現代備受矚目，並不是因為大家特別注意到他的神殿建築或是偶像崇拜宗教理念（雖然這對於某些比較近代的信仰和哲學影響重大，例如玫瑰十字會），而是因為在他統治期間，許多藝術作品看起來都非常引人注目，不同於尋常。國王本身表現出來的模樣是長臉、突下巴、厚嘴唇、大肚子，明顯有著女性化的胸部和臃腫的大腿，而不是像其他埃及國王一樣，描繪成理想化的年輕男性典型。阿肯那頓的首席雕塑師巴克（Bak）宣稱（出自亞斯文一個石碑上的部分文字），這種非正統的藝術風格經過國王本人首肯。至於在其他時期，王室家族和國王身邊的權貴官員也被塑造成類似的模樣，因此確保所有這些阿瑪納時期的藝術作品，包括人像在內，都很容易辨認。這導致產生了大量阿瑪納雕塑的仿品和贗品，因為這種誇張的風格模仿起來相對容易（也很受古董買家歡迎）。例如在古董商曼蘇爾（M. A. Mansoor）的私人收藏中，大批阿瑪納文物的真實性就受到嚴重質疑。二〇〇三年時，博爾頓博物館（Bolton Museum）支付了將近五十萬英鎊，購賣一個阿瑪納公主塑像的大塊碎片，當時佳士得拍賣（Christie's）和大英博物館的專家都確認了真實性。到了二〇〇七年，這個塑像被發現是贗品，是才三週前由偽造者尚・格林海爾（Shaun Greenhalgh）在博爾頓的布羅姆利十字路（Bromley Cross）家中花園小屋製作的。

阿瑪納藝術據說也表現出比較強烈的自由和創造力，雖然這種看法無疑有部分是因為宗教主題改變，而且大批留存下來的繪畫都來自民宅、王宮，而不是來自神殿和陵墓。我們也不清楚阿瑪納「肖像」的藝術變形，究竟是阿肯那頓外貌的真實紀錄（若是如此，表示他患有某種疾病），還是他的雌雄同體外表具有象徵理由，也許與意圖展現男性與女性的繁殖力有關。例如有某些埃及學家認為，阿瑪納風格人像的雙性特徵可能呼應了哈琵（Hapy）的樣子，他是尼羅河洪水之神，身體刻意表現出男性與女性的生殖力。

第一個試圖從醫學角度來完整解釋阿肯那頓外貌的是史密斯爵士，他指出這位國王可能患有佛洛里氏症（Fröhlich's Syndrome），這種內分泌失調症會引發身體上的影響，造成肥胖、青春期延遲和睪丸偏小。這個說法的缺點在於，患者不只智力受損，通常也無法生育，後者顯然不符合阿肯那頓的情況，因為他至少跟娜芙蒂蒂生了六個女兒（另外還有兩個女兒，可能是國王與自己小孩亂倫的結果）。另一種可能的解釋最早是由加拿大的阿爾文・伯里奇（Alwyn Burridge）提出來的，他認為阿肯那頓可能患有馬方氏症（Marfan's Syndrome）。這個說法很符合情況（這種嚴重缺陷是由單一異常基因所造成的），因為該疾病的症狀包括雞胸、寬骨盆、長頭骨、蜘蛛指和下巴突出的長臉。然而有許多埃及學家提出合乎情理的論證，他們認為這種身體和醫學理論把藝術外觀做了太過表面的詮釋，阿瑪納王室家族的古怪外表更有可能是一種象徵和隱喻。我們所面對的可能是一種精心挑選的藝術風格而非身體狀況，佐證是阿肯那頓統治早期留存下來的描繪，呈現出標準理想化的特徵，更像是他的父親。

上述全部因素使得阿肯那頓、他的妻子娜芙蒂蒂，還有阿瑪納時期，全都深深吸引著現代觀察者。有許多關於這個時期的「謎題」，也時常出現令人猜測的主題，例如為何在阿肯那頓統治結束之前，娜芙蒂蒂就從紀錄上消失了？她有沒有可能改造自己，變成表面上是男性的統治者斯門卡拉（Smenkhkara），在阿瑪納末期與阿肯那頓短暫共治？阿肯那頓的意識型態和個性又是如何？他是聖潔的一神論者，預見（甚至促成）猶太教信仰的興起，又或者他是不可理喻的暴君，幾乎摧毀了埃及的經濟（還是以上皆是！）？另一個極待解決的問題是阿瑪納家族全體成員屍體的命運，阿瑪納以東沙漠中的王室陵墓中，沒有發現任何屍體，國王谷編號KV55墳墓中發現的男性木乃伊又有許多爭議，有人說是斯門卡拉，也有人說是阿肯那頓。關於編號KV55屍體的最新研究，利用了血型測試、分子遺傳學和肉眼檢查等技術，強烈顯示屍體不只是阿肯那頓，經辨認也是圖坦卡門的父親。二〇一五年時，尼古拉斯・里維斯（Nicholas Reeves）提出引人入勝的說法，認為娜芙蒂蒂的遺體可能存放在尚未發掘的附屬建築中，隱藏在圖坦卡門墓室兩道裝飾牆的後面。然而利用熱成像攝影與透地雷達，幾度探勘卻產生了互相矛盾的結果。這些額外墓室是否存在，是否像里維斯所認為的是娜芙蒂蒂的隱藏墓室，仍然有待商榷。

直到十九世紀晚期，埃及學家才真正意識到阿肯那頓和阿瑪納時期，但正如約翰・雷（John Ray）有些開玩笑的評論，阿肯那頓走出陰影正是時候：

結果二十世紀就像是為他而打造：他是個受盡折磨的天才，承擔了僵化當權集團的責任；他是深情的丈夫和父親，是傑出的遠見人士和藝術家，是和平主義者，相信人皆手足；他是宗教象徵主義的大師。

阿瑪納時期吸引人的其中一面是，我們擁有數量龐大的藝術、紀念碑、文字資料，然而我們似乎還沒有足夠的證據可以重建全貌，去看清埃及史上這段輝煌卻相對短暫的時期。正如里維斯所說，「阿瑪納真正的問題不是缺乏好證據，而是有過多推測被誤認為是事實。」

有鑒於里維斯的說法，出現許多阿瑪納情節的虛構改寫作品也就很合理了，其中包括阿嘉莎・克莉絲蒂（Agatha Christie）非常英國式的演繹（《阿肯那頓》），劇中有個角色觀察道，「阿肯那頓跟我絕對合不來，我不相信他有幽默感，他太過虔誠了。」還有一齣阿瑪納歌劇：一九八四年首演，菲利普・葛拉斯（Philip Glass）的《阿肯那頓》，劇中充滿了他典型的極簡音樂風格。歌詞包括古埃及文、阿卡德語、希伯來文，營造出阿肯那頓與娜芙蒂蒂身為悲劇英雄的動人場面，兩人的魂魄最後在阿瑪納城的廢墟之間遊蕩。這類涉及古埃及的創作嘗試，也包括了最著名的好萊塢電影《埃及人》（*The Egyptian*），一九五四年由麥可・寇蒂斯（Michael Curtiz）執導。這部電影根據米卡・瓦爾塔里（Mika Waltar）的小說拍攝，背景是阿肯那頓的宮廷，由維克多・麥徹（Victor Mature）飾演霍朗赫布。這些關於阿瑪納的演繹都像電影《埃及人》一樣不尋常，而且都有一個共同之處，那就是都傾向於把阿肯那頓當作是一個革命夢想家，是有遠見之人。

偶像與妖婦：埃及的禍水紅顏

除了上述全部的討論之外，阿瑪納時期還有一個特別的藝術偶像，似乎結合了瑪麗蓮・夢露（Marilyn Monroe）的性吸引力和埃爾金大理石雕塑（Elgin Marbles）的極端爭議，再加上種族歧視和法西斯主義（Fascism）。這當然就是娜芙蒂蒂的胸像了（圖16）。

一九一二年，德國發掘者路德維希・博查特（Ludwig Borchardt）找到了著名的石灰石彩繪娜芙蒂蒂胸像，地點是雕塑家圖特摩斯（Thutmose）的工作坊，這裡是阿瑪納城南部占地最廣的別墅之一。這座塑像大概只是雕塑家的模型，本身不是完成品——高約五十公分，保存狀況出奇良好，唯一的瑕疵是右眼不見了（雖然出乎意料地，這並不會特別減損整體的美）。這座胸像最後落腳在柏林新博物館（Neues Museum），但是這個過程卻從此引發了激烈爭論，根據里維斯所述：

> 胸像發現才一個月後，正式分贓戰利品時，詹姆斯・西蒙博士（Dr James Simon）得到了娜芙蒂蒂胸像，他是德國發掘活動的贊助人。一九二〇年時，西蒙把他的收藏正式獻給普魯士國，三年後，王后像公諸

圖 16　娜芙蒂蒂胸像（柏林新博物館），發掘於阿瑪納的雕塑工坊，年代約西元前 1350 年。（照片來源：VPC Travel Photo / Alamy Stock Photo）

於世，引起一片譁然——埃及政府很快提出憤怒的指控，認為王后的胸像是在不合法的情況下運出埃及。眾人譴責，提議解決辦法，試圖解決這個不愉快的場面，但都徒勞無功……

胸像抵達歐洲時引起爭議，而且情況在一九三〇年代變得更糟，因為希特勒（Adolf Hitler）本人宣稱，這是他最喜愛的埃及藝術作品，所以要留在德國。

與希特勒之間的連結或許並非偶然，因為這座塑像其他的爭議點之一，就是臉部具有典型的歐洲人特徵，而不像非洲人。這表示對於許多非洲中心主義者來說，這象徵著傳統埃及學家的決心，要讓埃及文化呈現出既不是非洲、也不是黑人的樣貌。一九九六年時，在引發論戰的展覽「非洲的埃及」（Egypt in Africa）的目錄中，喬治亞州立大學（Georgia State University）的教育學教授希利亞德（Asa G. Hilliard III）認為，這個展覽首創精選展品，要凸顯出更典型的非洲表現型，而不是大部分歐洲人想看到的非典型、有時候甚至是異國的樣貌，例如娜芙蒂蒂、酋長艾爾比拉德（Sheik el Bilad）或抄寫員卡伊（Kai），這些模稜兩可的樣子，足以視為「白人」。

這座胸像似乎屬於阿瑪納時期晚期，新藝術風格已經沉澱下來，變得不再那麼極端。在某些觀察者看來，這是史上曾有過的藝術創作中，最具美感的賞心悅目女性面孔。亞羅米爾．馬利克曾試圖分析原因，他指出：

這件作品的主要吸引力在於那完美、近乎幾何的規律，深深吸引著現代人：以長直線為主，最明顯的就是那些連結王冠正面和王后前額側面的線條，還有從正面觀看時，王冠側面和她臉頰的線條。

即使以第十八王朝王室女性的標準來看，像是愛赫特波一世（Ahhotep I）和哈謝普蘇，歷史上真正的娜芙蒂蒂、阿肯那頓的正妻，似乎也擁有非凡的權利和影響力。這或許是建立在她婆婆泰伊（Tiye）王后有影響力的成就之上（泰伊也可能是她的姑姑）。女性主義者卡蜜爾．帕格利亞（Camille Paglia）描述的娜芙蒂蒂像是可怕的馬克白夫人：

對娜芙蒂蒂胸像的恰當反應是恐懼，這位王后是個人型機器人，是人造生物。她是新的女魔臉頭像（gorgoneion），一個「沒有身體的恐怖頭顱……藝術作品中的阿肯那頓呈現半女性化的特徵，肢體萎縮、腹部鼓脹，可能是由於先天缺陷或後天疾病。這座塑像則呈現出半男性化的王后，一個具有政治野心的吸血鬼。

不論我們是否同意帕格利亞過於誇張的典型描述，這都顯示出胸像持續不墜的力量——延伸擴及娜芙蒂蒂本人——總能激發熱烈的回應。很少有雕塑如此接近，幾乎相當於是所表現的人物，評論者討論胸像的樣子，就像是在討論真正的女人，而這畢竟是一個非常典型的古埃及立場。

如果娜芙蒂蒂在某種程度上被當成歐洲化的埃及形象來利用，那麼我們可以說，在克莉奧佩脫拉的形象中，也可以看到同樣連結埃及歐洲的方式。王后克莉奧佩脫拉七世（Queen Cleopatra VII）西婭・菲洛帕托爾（Thea Philopator，即「埃及豔后」）絕對是七個克莉奧佩脫拉之中最出名的一位，她很早以前就成為放縱墮落東方的偶像及象徵——儘管有點老套——所以越來越難找出她真正的樣子。在亞克興戰役（Battle of Actium）和她自殺不久後，羅馬作家像是賀拉斯（Horace）和普羅佩提烏斯（Propertius），仍然將她視為一個詭計多端的墮落人物，是她毀了馬克・安東尼（Mark Antony）的聲譽，危及羅馬帝國的穩定。不過一旦她死了，他們對她又多了一點同情。賀拉斯在某篇頌歌中，稱她是fatale monstrum，字面直譯是「有致命威脅的怪物」，不過另一個更有趣的意義是「命運降臨的奇蹟之人」，這表示他們越來越意識到她本身是一個迷人的悲劇人物，而不只是懶惰東方的象徵。

就算沒有電影中的克勞黛・考爾白（Claudette Colbert）、費雯麗（Vivien Leigh）、伊莉莎白・泰勒（Elizabeth Taylor），克莉奧佩脫拉著名的美貌大概也足以與娜芙蒂蒂媲美，不過關於她的外表，我們其實所知甚少（圖17）。法國文化部長安德烈・馬爾羅（André Malraux）在一九六〇年啟動聯合國教科文組織努比亞救援活動（Nubian Rescue Campaign）時，評論「克莉奧佩脫拉是一個

圖 17　克莉奧佩脫拉七世的希臘銅幣，約西元前 51-30 年，年輕的克莉奧佩脫拉頭像梳著瓜狀髮型，頭戴小型王冠。（照片來源：The Hunterian, University of Glasgow. GLAHM:39134）

沒有臉的王后」。大家往往認為她的外表主要像希臘人，根據她的馬其頓／托勒密祖先，並且據說她曾經學習埃及文，那當然表示不管在種族上或文化上，她都比較有可能是希臘人，而不是埃及人。雖然十四世紀的作家喬凡尼・薄伽丘（Giovanni Boccaccio）在《名媛》（*De claris mulieribus*）一書中描述她「僅以美貌聞名」，但當時硬幣上的肖像，只能說是個獨特的女性，談不上漂亮。普魯塔克宣稱，「她的美本身並不出色，也不會讓人眼前為之一亮，但是她的言談有著不可抗拒的魅力。」

如果談吐妙趣橫生真的是女王最優秀的特質，那麼電影中幾乎沒有表現出這一點似乎有點可惜。少數以安東尼與克莉奧佩脫拉為主題的喜劇之一，是英國電影《豔后嬉春》（*Carry on Cleo*, 1964），電影中讓人印象最深刻的大概是亞曼達・巴里（Amanda Barrie）演出的不尋常鄰家女孩式克莉奧佩脫拉，還有肯尼斯・威廉斯演出的（Kenneth Williams）獨一無二的凱薩大帝（Julius Caesar）（「臭名、臭名，他們全都給了我！」）（圖18）。

圖 18 英國電影《豔后嬉春》的海報，由亞曼達・巴里演出克莉奧佩脫拉。（照片來源：ANGLO-AMALGAMATED PRODUCTIONS / Ronald Grant Archive / Mary Evans）

電影中的克莉奧佩脫拉化身幾乎總是由白人女性飾演，在地密爾的克莉奧佩脫拉電影中，有個天真的角色遭到嘲笑，因為提問克莉奧佩脫拉是不是黑人。不過早在一九八〇年代時，就有例子是有色人種女性在莎士比亞戲劇《安東尼與克莉奧佩脫拉》（*Antony and Cleopatra*）中，扮演克莉奧佩脫拉。大概因為克莉奧佩脫拉已經成為埃及整體的強大象徵，總是有人試圖宣稱她不但是血統純粹的埃及人，而且還是黑人女性。瑪麗・海默（Mary Hamer）寫了一本關於克莉奧佩脫拉之謎的書，她評論道：

今日的爭議再度圍繞著克莉奧佩脫拉的身體，尤其是關於她的種族。美國的黑人民族主義者宣稱克莉奧佩脫拉屬於他們，這麼做無疑是為了追求尊嚴和尊重，那是黑人家庭和黑人生活方式一直沒能得到的。反對者主要是白人學者，他們自認為了捍衛「文明」和「科學知識」，堅持克莉奧佩脫拉不可能是黑人。

克莉奧佩脫拉的盛名在二十世紀和二十一世紀初持續不墜，主要是因為電影和劇院（包括蕭伯納〔George Bernard Shaw〕的《凱薩與克莉奧佩脫拉》〔*Caesar and Cleopatra*〕），而不是考古學的緣故。不過法國與埃及的海洋考古，在亞歷山卓的古代港口區發掘了許多沉在海底的雕像及碎片，托勒密與羅馬時期的建築遺跡，如今都在海床上。這項工作廣被稱為（考古學家跟記者都這麼說）是發掘「克莉奧佩脫拉的宮殿」，這並不令人感到意外——克莉奧佩脫拉這個品牌強大到令人難以抗拒（畢竟娜芙蒂蒂和克莉奧佩脫拉都是埃及香菸的牌子）。法國海洋考古學家找到了兩座雕像，一座初步判斷是凱撒里昂（Caesarion），克莉奧佩脫拉與凱薩大帝所生的兒子，另一個大概是她父親托勒密十二世（Ptolemy XII）。也許在亞歷山卓港的海底某處，有座耀眼的克莉奧佩脫拉胸像，足以與在柏林的娜芙蒂蒂胸像匹敵（雖然皇家安大略博物館〔Royal Ontario Museum〕裡的花岡岩胸像——據信是克莉奧佩脫拉——藝術史學家伯納德．波特曼〔Bernard Bothmer〕對於其臉部的描述是「枯燥、乏味，含糊沒態度」）。

「另類」埃及太多了？

在討論塑造及解構阿肯那頓、娜芙蒂蒂、克莉奧佩脫拉的形象時，我主要著重在藝術家、作家和電影製作人改造、挪用的方式。本章結束之前，也有必要討論一下「另類」埃及學家的興起。一九九〇年代之後，「新世紀」（New Age）書籍和紀錄片普遍激增，其中有些提倡運用特立獨行、非學術的考古方法去檢視古埃及的文本。這種興盛的現象其實比埃及學更早出現，早在十九世紀作家像是約翰．泰勒、皮亞齊．史密斯的理論中就出現過。

另類埃及學家通常利用挑選搭配的方法，選擇他們想要的資料，忽略或捨棄對自己的論述較為不利的其他證據。這是因為他們通常從答案開始，而不是從問題開始，接著再去找資料來證明答案（並非傳統埃及學家就完全不受這個情況影響……）這種方法與傳統「問題導向」考古研究方法截然相反，研究人員會從問題開始（例如：早期王朝的王室陵墓看起來像什麼？）接著去探索、評估相關資料，試著找出一個或更多可能的答案。挑選搭配資料的方法有個不可避免的結果，那就是另類研究者偶爾會利用一些傳統學者熟知或公認的證據。例如金字塔，大金字塔上某些「通風井」與天文現象對齊，這類資訊早就由埃及學家愛德華（I. E. S. Edwards）發表過了，後來羅伯特．鮑瓦爾才寫出暢銷書獵戶座奧祕《獵戶座奧祕》（*Orion Mystery*，書中指出三座吉薩金字塔的排列方式，是為了複製獵戶座的恆星排列，其中南方的通風井之一對準了獵戶座中最亮的那顆星）。同樣地，赫里奧波里斯與吉薩遺址之間存在著視覺效果關聯，兩地之間證實可以視線直通，最早由倫敦大學學院的講師大衛．傑佛瑞（David Jeffreys）研究闡述，後來也是鮑瓦爾假設的一部分。

本書的範圍主要是古埃及的考古與歷史，我只能粗淺地討論另類埃及研究法，這個領域有如一片汪洋大海，包括了埃及的觀念、主題、故事，並且經過現代的藝術家、建築師、作家、音樂家和劇作家改寫和挪用。從鮑里斯．卡洛夫的復活木乃伊、馬丁．貝爾納的黑色雅典娜，到菲利普．葛拉斯的歌劇《阿肯那頓》，另類埃及值得另外寫上好幾本書。「了不起的東西」（wonderful things）這句話據說出自霍華德・卡特，卡納馮勳爵問他從圖坦卡門墓室中看到些什麼時，他如此回答。「了不起的東西」就是極度矯飾魅力的一部分，不只屬於古埃及，也屬於埃及學本身。歐洲人和美國人戴著遊獵探險帽，騎著駱駝，在王室陵墓外身穿愛德華時期的最佳服飾擺姿勢拍照。他們穿上鄂圖曼的華麗服飾，這些跟留存至今的古代形象一樣，都成為現代對埃及看法的一部分。除此之外，如今我們的當代形象當然也有《星際奇兵》、古墓奇兵（Tomb Raider）系列，印第安納瓊斯（Indiana Jones），還有任何一個利用古埃及的電玩和動畫。

第十章

文化遺產

記者往往喜歡拿埃及的現代總統與古代的法老相比，而我們總是很難弄清楚，這類媒體老套中是否真的藏有任何相似之處。很難想像所謂的阿拉伯之春（Arab Spring），在法老時期真的會有任何類似的事件。我們能確定的是，二〇一一年這場熱門起義，結束了穆巴拉克（Hosni Mubarak）在埃及很長的統治期（完全掌握了我本身從一九八〇年代以後在埃及的考古職業生涯），也觸發了某些政治上和社會上的開端。這裡不是討論穆希短暫總統任期優缺點的地方，也不是要討論當前由塞西所領導的政權（雖然我很想這麼做）。不過在本章中，我想討論在這些過程中，社會經濟和政治變化對於法老文化遺產所造成的各種影響，尤其是考古遺址和博物館。

政治動盪與文化遺產

二〇一一年埃及政治事件的直接影響，就是治安敗壞引發大量考古遺址和古物儲藏室劫掠。對於埃及遺產造成威脅的真正跡象，首度出現在二〇一一年一月二十八日，抗議人士在開羅市中心的執政民族民主黨（National Democratic Party）總部縱火。這棟建築物緊鄰著埃及博物館，電視和社群媒體上很快出現報導，指出博物館本身也失火了——幸好這些謠言最後證實是假的，不過博物館還是成為最廣為人知的劫掠目標（儘管埃及抗議人士的著名事蹟是在外面圍成一道人牆）。劫掠的方式就像是一場好萊塢的搶劫——一夥十人從屋頂的玻璃窗沿著繩索進入博物館，過程中破壞了大約七十件物品，偷走六十幾件（各報導中破壞和竊盜的統計數據差異很大），包括好幾件圖坦卡門陵墓中的文物。令人訝異的是，至少有二十五件遭竊的物品後來都由埃及旅遊及文物部的警察找到了，其中包括一件石灰石的阿肯那頓小塑像，據說是在垃圾桶旁邊找到的，還有一袋子四件文物，兩個月後神祕地出現在開羅某個地鐵站。這些怪異事件引發猜測，認為失竊和失而復得可能都是某種內賊行為，不過我們大概永遠也不會知道真相。

由於政治持續不穩定，埃及博物館竊盜發生兩年後，群眾暴亂依然嚴峻，例如埃及中部的的馬拉維博物館（Mallawi Museum）就遭到武裝劫匪突襲，被徹底洗劫。在同樣這兩年期間，許多埃及的考古遺址和當地的儲藏室（每處各有數千件發掘品），都遭到盜賊反覆劫掠（圖19）。因此埃及的法老文化遺產可說是遭遇了最大的威脅，堪比十九世紀西方訪客洗劫許多遺址中珍寶的情況。然而必須記住很重要的一點，儘管常常是埃及人現身負責偷竊，問題的根源卻不在當地人所謂的「挖掘餬口者」身上，而是總與古物貿易商有關，還有私人收藏家，有時候甚至牽涉到博物館，據點在埃及以外無數的地方。

尼爾・布洛迪（Neil Brodie）早已指出這一點（阿拉伯之春發生大約六年前他寫了一本書）：

> 考古劫掠某些最糟糕的例子……發生在中央機關失靈，出現社會動亂和經濟混亂的時候……在這些情況下，執法式微，對於生計和家園遭到破壞的人來說，埋藏的文物是現成的現金來源。

布洛迪主要是指戰爭造成的情況，例如一九九一年到二〇〇三年之間的伊拉

圖 19　2011 年在古洛布的一處遺址，本書作者（爬樓梯者）正在評估新王國遭劫墓室的損失狀況。（© Ian Shaw）

克衝突，不過他的評論也適用於二〇一〇年代初期的埃及，當時國內大部分地區長期缺乏警力和治安部隊。責怪劫掠者總是比檢討利用這些人的國際制度來得容易，不過某些考古遺址的經驗強烈顯示，「精挑細選」的收藏家利用埃及二〇一一年到二〇一三年的情況，以特定物品為目標加以搬移。例如在哈瑪瑪特旱谷，距離製作納爾邁調色板的採石場只有一小段路，有塊石刻碑文從非常困難的高處垂直岩石表面被移走了（相較於在其他地方可能快得多也容易多了），大概是因為上面有不常見的波斯時期系譜文字（圖20）。

古物的愛好與銷售好比非法國際藥物和軍火，雖然主要不同之處在於，失竊古物的最終買主，往往是公開而且顯然合法進行，依靠所謂的「市場國家」（例如香港、新加坡、泰國），這些國家通常沒有正式簽署國際協定，像是一九七〇年聯合國教科文組織的「禁止非法進出口及轉讓文化資產公約」。這些市場國家是轉運站，能有效地洗白贓物，在接下來的非法交易中賦予文物正當性，出售價格通常至少是當地劫掠者賺到的一百倍以上。

圖 20　哈瑪瑪特旱谷岩石表面的波斯時期系譜文字，當時依然完整（上），同樣一塊岩石在 2011 年時遭竊（下）。（© Elizabeth Bloxam）

就像其他特別受到非法古物貿易影響的國家一樣（像是伊拉克、祕魯、瓜地馬拉），真正的罪魁禍首是所謂「目的地市場」的商人和收藏家，真正的解決辦法不只是要更嚴格地執行古物法，也必須在更廣層面的國際經濟與資本主義下功夫——正如布洛迪所說：

為了維持生計而去挖掘古物的情況，只有在農村人口自有土地無虞、農作物能得到合理價格的情況下才會停止，而要達到這一點，需要廢除關稅和其他的貿易壁壘。

二〇一一年到二〇一四年間，埃及的法老文化遺產所面臨的威脅不僅限於博物館或遺址遭竊，還有「土地掠奪」的現象（非法占領文化遺產物部所持有的土地）。這個情況發生在幾個知名的考古地區，像是前王朝的塔爾汗陵墓，還有新王國的阿瑪納城。然而重要的是去考量這些問題真正的社會背景，尤其是考慮到許多當代的埃及社區可能急需擴張，為了經濟理由或是為了建造新墓地。在法老時期遺址工作的外國使團，有時候也要負起相當的責任，因為他們往往沒有讓當地社群參與工作，也很少在當地宣傳他們的研究。文物部很遺憾地缺乏資源去完善維持、更新考古遺址的紀錄，這會讓當地脫節的困惑感受雪上加霜。如果想在保存和現代人口繁盛的需求之間取得平衡，就要更努力去推動以社區為本的倡議，讓大家參與他們的文化遺產。文化遺產與古物非法交易的問題，與眾多其他社會與政治因素密不可分。

埃及文化遺產管理的創新方法

矛盾的是，二〇一一年到二〇一三年期間，古物劫掠和土地掠奪暫時增加的影響之一，是在埃及許多考古學家和利害關係人之間，創造出一種新的勇於嘗試的精神。這造成了一些優勢，凸顯出整體各種遺址和地區的長期文化遺產計畫需求。然而埃及持續嚴重缺乏的是永續、長期的文化遺產管理策略。

例如在伊斯納（Esna）的主要觀光景點是希臘羅馬時期的庫努牡神殿（Temple of Khnum，世界遺產地點），但是二〇一五年由瑪爾瓦·佳南（Marwa Ghanem）和薩瑪·沙德（Samar Saad）所發表的報告卻指出，原本立意良好的永續遺產旅遊（Sustainable Heritage Tourism，SHT）在那裡一敗塗地。他們訪談了一些利害關係人，像是當地居民、旅行社經理、負責觀光的政府官員、參與神殿發掘的學術人員，因此能夠找出永續遺產旅遊計畫失敗的一些原因。這些問題包括當地居民與負責觀光的官員之間缺乏溝通，缺乏對城市裡考古地區新建築計畫的掌控，還有二〇〇八年興建的新河堰加速了河運，表示觀光遊船不再停留比較長的時間，觀光客就不會去伊斯納當地的市場或利用其他設施。此外報告也發現，地方政府不同部門之間的衝突，導致地下水和下水道問題失敗，造成神殿的情況惡化。佳南和沙德指出關鍵重點，未來關於伊斯納的任何計畫，都必須採取整體、包容的策略，要特別針對居民，說服他們維護及增進當地遺產的經濟與社會價值：

走投無路的百姓出於貧窮和無知，開始侵害自己的文化遺產，靠偷竊來維持生計。推廣活動若要有成果，大眾必須相信長期的財務穩健有賴於神殿遺址採取永續發展。

類似的問題也困擾著吉薩金字塔遺址，必須去嘗試打造出合宜的文化遺產策略——目前為止，那裡的計畫大多失敗，不是因為缺乏資金，而是因為沒能好好跟當地人商量，讓他們也一起參與。

不過接下來的跡象顯示，可能有些具成效的創新方法，其中一些由伊莉莎白・布洛克森和艾德爾・凱拉尼（Adel Kelany）在最近的評估中討論過，關於埃及文化遺產管理的最佳作法。他們指出這類管理方法往往過分遵循西方模式，幾乎到了不適當的程度。取而代之，他們強調的是「由下往上」的思考，而不是要求社區去回應專家主導的議程，那往往以全球規模去定義遺產價值，卻在過程中疏離了當地人。

布洛克森與凱拉尼指出，近年來許多比較有成效的地區，大多是在法老時期之後的伊斯蘭文化遺產領域，還有一些非紀念碑的考古景觀。伊斯蘭遺產管理良好的例子是愛扎爾公園（Al-Azhar Park）計畫（由阿迦汗發展集團〔Aga Khan Development Network〕打造），打造出三千萬美元的公園，涵蓋各種歷史伊斯蘭建築。與伊斯納和吉薩的情況形成強烈對比，當地人（在鄰近的代爾卜阿瑪爾社區，Darb al-Ahmar）參與了整個持續進行中的愛扎爾計畫。透過資助新的本地企業，支持許多破敗的伊斯蘭建築修復，讓居民從自己的遺產中獲得真正的經濟與社會利益。

另一個成功的「由下往上」、以社區為本的遺產計畫例子，發展於二〇〇六年時的亞斯文。當時埃及的文物部創立了古代採石場與礦區部門（Ancient Quarries and Mines Department，AQMD），由凱拉尼負責主導。這項倡議完全由當地的埃及考古學家在亞斯文督導，建立起亞斯文地區與古代採石挖礦有關的資料庫，不過重要的是，古代採石場與礦區部門團隊也跟當地居民和承包商接洽，提升對於各種類別遺址的意識，像是岩石藝術和古代聚落遺跡，進而有助於確保留存。古代採石場與礦區部門在地方上的發展策略，讓他們既能掌握現代採石和挖擴活動的官方許可證發行，一旦現代干擾勢不可擋的時候，又能確保在有工程進行之前著手考古調查。

埃及的新博物館

直到最近，大部分的古埃及文物在埃及國內展出的地點，都集中在少數的大型博物館，位於開羅、亞歷山卓、路克索和亞斯文。然而二十一世紀初時，漸漸有一些比較小型的地區博物館新落成或大幅改善。例如二〇〇一年路克索的戶外麥倫普塔博物館（Merenptah Museum）開幕，二〇〇六年薩加拉的印和闐博物館（Imhotep Museum）開放，二〇二一年民雅（Minya）的金字塔造型阿肯那頓博物館（Akhenaten Museum）落成。

建立這些小型的地方博物館，往往是為了讓物品能夠在靠近發掘遺址的地方展出。這也導致許多大型中央收藏品的物件重新分配，回歸到地區博物館，填補關鍵的年代缺口。增加地方展出素材數量的策略，是為了說服團體觀光待在比較小型的埃及城鎮消費，這些地方往往得不到文化觀光的好處。時間會證明這個政策在未來是否能有成效，目前外國觀光客仍然持續傾向聚集在開羅、路克索、亞斯文，或者是待在紅海沿岸。

然而有些埃及學者質疑，新的地方博物館是否建立在任何有條理的整體架構之內，確實有兩位埃及博物館專家馬赫爾．伊沙（Maher Eissa）與盧艾．塞依德（Louay Saied），對這種策略的基礎提出質疑。

過去幾十年來，文物當局成立了好幾間博物館，但是關於這些博物館的角色及目標，並沒有清楚明確的準則或政策。結果在新的博物館之間引發利益衝突，就因為沒有能夠遵循的共同「典藏政策」。根本上，關於興建新博物館真正必要的條件沒有遠見，尤其是地區博物館。

在這些地區博物館計畫進行的同一時期，二〇一〇年代有將近八億美金投入吉薩金字塔附近的大型新計畫，人稱大埃及博物館（Grand Egyptian Museum，GEM）。這個新的國家博物館計畫要在四十八萬平方公尺的建築群中，展出超過十萬件的物品，包括圖坦卡門典藏（截至目前為止都在開羅中部的埃及博物館展出）。納爾邁調色板無疑也在搬移中，預計很快就會送到大埃及博物館，還有其他具代表性的傑作。預料拜訪大埃及博物館的遊客將有五百萬到八百萬人（根據這個預測，整體觀光人數將會因此增加百分之三十）。就像許多巨型計畫，當然不是毫無爭議，很多學者可能寧願大幅整修現有位於解放廣場（Tahrir Square）具有新古典風格的埃及博物館（建於一九〇二年），這樣或許能讓更多錢花在像上述那些比較小型的地區計畫。大埃及博物館的興建時間也比原本計畫中多出許多——原設計在二〇〇二年核准，二〇〇五年開工，然而最後開幕日期卻是向後一延再延（本書寫作之時，樂觀估計二〇二二年會開幕）。

所以我們處於何種情況呢？埃及的博物館與文化遺產管理有幾絲希望，但整體情況處於變動狀態，大致上缺乏整體策略性架構，尤其是能夠長期維持、能容納埃及地方社區多元需求的設計。最後，埃及的法老過往與現在密切相關，這兩個文化領域必須逐漸找出更好、更創新的方式，與彼此互動共存。

年代表

Prehistory / Predynastic period	**史前／前王朝時期**	
Palaeolithic	舊石器時代	迄今約 700,000-10,000 年前
Epipalaeolithic	舊石器時代末期	迄今約 10000-7000 年前
Neolithic	新石器時代	約西元前 5300-4000 年
Badarian period	巴達里時期	約西元前 4400-4000 年
Naqada I period	納卡達第一期	約西元前 4000-3600 年
Naqada II period	納卡達第二期	約西元前 3600-3350 年
Naqada III/ 'Dynasty 0'	納卡達三期／第零王朝	約西元前 3350-3000 年
Pharaonic / Dynastic Period	**法老時期／王朝時期**	**西元前 3000-332 年**
Early Dynastic Period	早期王朝時期	西元前 **3000-2686 年**
1st Dynasty	第一王朝	西元前 3000-2890 年
2nd Dynasty	第二王朝	西元前 2890-2686 年
Old Kingdom	**古王國時期**	**西元前 2686-2181 年**
3rd Dynasty	第三王朝	西元前 2686-2613 年
4th Dynasty	第四王朝	西元前 2613-2494 年
5th Dynasty	第五王朝	西元前 2494-2345 年
6th Dynasty	第六王朝	西元前 2345-2181 年

First Intermediate Period	**第一中間時期**	**西元前 2181-2055 年**
7th and 8th Dynasties	第七與第八王朝	西元前 2181-2125 年
9th and 10th Dynasties	第九與第十王朝	西元前 2160-2025 年
11th Dynasty (Thebes only)	第十一王朝（只有底比斯）	西元前 2125-2055 年
Middle Kingdom	**中王國時期**	**西元前 2055-1650 年**
11th Dynasty (all Egypt)	第十一王朝（全埃及）	西元前 2055-1985 年
12th Dynasty	第十二王朝	西元前 1985-1795 年
13th Dynasty	第十三王朝	西元前 1975-1650 年
14th Dynasty	第十四王朝	西元前 1750-1650 年
Second Intermediate Period	**第二中間時期**	**西元前 1650-1550 年**
15th Dynasty (Hyksos)	第十五王朝（西克索人）	西元前 1650-1550 年
16th Dynasty (minor Hyksos)	第十六王朝（小西克索）	西元前 1650-1550 年
17th Dynasty (Theban)	第十七王朝（底比斯人）	西元前 1650-1550 年
New Kingdom	**新王國時期**	**西元前 1550-1069 年**
18th Dynasty	第十八王朝	西元前 1550-1295 年
Ramessid period	拉美西斯時期	西元前 1295-1069 年
19th Dynasty	第十九王朝	西元前 1295-1186 年
20th Dynasty	第二十王朝	西元前 1186-1069 年

Third Intermediate Period	**第三中間時期**	**西元前 1069-664 年**
21st Dynasty	第二十一王朝	西元前 1069-945 年
22nd Dynasty	第二十二王朝	西元前 945-715 年
23rd Dynasty	第二十三王朝	西元前 818-715 年
24th Dynasty	第二十四王朝	西元前 727-715 年
25th Dynasty (Kushite)	第二十五王朝（庫施）	西元前 747-656 年
Late Period	**晚期王朝時期**	**西元前 664-332 年**
26th Dynasty (Saite)	第二十六王朝（塞特）	西元前 664-526 年
27th Dynasty (1st Persian period)	第二十七王朝 （第一次波斯統治時期）	西元前 526-404
28th Dynasty	第二十八王朝	西元前 404-399 年
29th Dynasty	第二十九王朝	西元前 399-380 年
30th Dynasty	第三十王朝	西元前 380-340 年
2nd Persian period	第二次波斯統治時期	西元前 340-332 年
Ptolemaic Period	**托勒密時期**	**西元前 332-30 年**
Macedonian Dynasty	馬其頓王朝	西元前 332-305 年
Cleopatra VII Philopator	克莉奧佩脫拉七世菲洛帕托爾	西元前 51-30 年
Roman Period	**羅馬時期**	**西元前 30- 西元 311 年**

詞彙表

善魂（akh）：受祝福的死者在陰間居住的形式，也是個人身魂（ba）與護衛靈（ka）成功重聚的結果。

阿頓（Aten）：以太陽輪狀或球體呈現的神祇，阿肯那頓統治期間特別推崇的宗教信仰。

身魂／巴（ba，ba-bird）：人類組成中，類似「個性」那方面的概念，由非實體特性組成，讓個人顯得獨特。通常描繪成有人類頭部和手臂的鳥，也用來表示某些神祇顯現的形體。

冥界書／死者之書（Books of the Netherworld/ Book of the Dead）：冥界書由一些相關的喪葬文字組成，埃及人稱為陰間書（阿姆度阿特，Amduat），或是「在陰間的歷程」，包括《巨穴之書》（*Book of Caverns*）、《獄門之書》（*Book of Gates*）和《密室之作》（*Writing of the Hidden Chamber*）。這些作品的主題全都是太陽神在夜晚的十二個小時中，穿越黑暗國度的旅程，最後每天早晨歡欣鼓舞地重生。上述例子主要是在新王國期間的王室墓地發現的，不過另一個更廣為流傳的例子是《死者之書》，在第二中間時期之後就廣為人知，通常寫在莎草紙上，擺放在王室和平民的墓地中。

迄今（BP）：直到今日（before present）的縮寫，最常用在未經校準的放射性碳年代或熱發光年代。「今日」照慣例是指西元一九五〇年。

象形繭（cartouche，shenu）：以一段繩結圖樣形成的橢圓輪廓，圍繞著代表埃及王室王名的某些元素，在第四王朝之後使用。

棺木銘文（Coffin Texts）：一千多則咒語，取自中王國期間棺木上的銘刻。

世俗體（demotic）：草寫體文字（希臘文「大眾文字」之意），埃及人稱之為 sekh shat，在第二十六王朝時取代了僧侶體文字。起初只用於商業和行政文件紀錄，到了托勒密時期，也用在宗教、科學和文學作品。

假門（false door）：石製或木製長方形仿造門的建築元素，放置在埃及平民的墓室中。喪葬祭品通常會放在假門的前面。

僧侶體（hieratic）：草寫體文字，至少從早期王朝末開始使用，讓抄寫員可以更快速地在紙莎草和陶片上書寫，是抄寫教學指導偏好的字體（希臘文 hieratika，「神聖」之意）。這種字體還有一種更草書的形式，稱為「僧侶異體」（abnormal hieratic），在第三中間時期的上埃及用於商業文本。

象形文字（hieroglyphics）：由象形圖、表意文字、表音文字所組成的文字，以水平和垂直線條組成（希臘文「神聖雕刻字母」之意），使用期間為前王朝晚期（約 3200 BC）到西元四世紀末。

荷魯斯之名（Horus name）：埃及王室五個王名中的第一個，通常寫在塞拉赫（serekh）王名框內。

指引（instruction）：文學作品的種類，例如《阿蒙涅姆赫特一世指引》（*The Instruction of Amenemhat I*），由警句和道德忠告組成，埃及文稱為塞拜特（sebayt，「智慧文本」、「教誨文學」之意）。

護衛靈／卡（ka）：任何個體都有的創造生命力，人類或神祇皆具備。象形文字以一對手臂代表，被認為是區別活人與死人的重要組成物。

瑪特（maat）：與正義、真理、天地萬物和諧相關的埃及概念，化身為女神瑪特，通常描繪成駝鳥羽毛，或是頭上配戴類似羽毛的坐姿女性。

馬斯塔巴平頂墓穴（mastaba-tomb）：埃及墓穴的一種，矩形的上部構造類似埃及房屋外的低矮泥磚工作台（阿拉伯文「長凳」之意）。早期王朝的王室與平民墓地都有這種形式，不過從古王國之後，就只有平民才使用。

馬雅（Maya）：中部美洲民族與文化，大約興盛於西元二〇〇年至八五〇年。

諾姆（nome，行政區）：希臘用語，指埃及的四十二個傳統行政範圍，古埃及人本身稱之為 sepat。王朝時期大多時候，上埃及有二十二個、下埃及有二十個行政區。

個人名（nomen）：出生時的名字，以 sa-Ra（「太陽神拉之子」）這個稱號加入王室名，通常是王室王名中排在最後面的一個，是唯一在法老出生時就有的命名。

陶片（單數 ostracon，複數 ostraca）：陶器碎片或石灰石碎片，上面刻有文字或圖案，通常是私人便條筆記、信件、素描或抄寫練習，有時候也刻有文學作品，通常以僧侶體文字寫成（希臘文，單數 ostrakon，複數 ostraka，「陶瓷碎片」之意）。

乾荒盆地（playa）：匯聚周圍高地逕流的平原或凹坑，形成間歇湖。乾枯時，裡面有時候會有考古遺跡，會受到風蝕過程的侵蝕和沉積。

登基名（prenomen）：登上王位時的名字，埃及王室五個王名其中之一，以 nesu-bit（莎草與蜜蜂之人）的稱號加入，既是指各別國王的凡身，也是指永恆的王權（但不是指「上埃及與下埃及之王」，有時候會出現這種錯誤的翻譯）。

塔門（pylon）：巨型儀式用門（希臘文「入口」之意），埃及人稱之為 bekhenet，由兩個下寬上窄的柱狀塔組成，中間以磚石橋梁相連，上有檐口，至少從中王國到羅馬時期的神殿都有這種結構。

金字塔文（Pyramid Texts）：最早的埃及葬儀文本，由八百多則咒語或「話語」（utterances）組成，寫在古王國晚期和第一中間時期九座金字塔的通道牆上和墓室裡。

總督管轄區（satrapy）：阿契美尼德（Achaemenid，波斯人）帝國的省區。

塞拉赫王名框（serekh）：長方框型（或許代表著皇宮的入口），上方有一隻荷魯斯隼（或賽特豺狼），裡面寫著國王的「荷魯斯之名」。

序列化（seriation）：將文物、遺址或一批東西整理成線性序列的方法，依據序列中各種要素之間相似的程度來判斷（例如文物風格、功能或材料的發展）。

叉鈴（sistrum）：撥浪鼓般的樂器（埃及文 seshesht、希臘文 seistron），主要由女性演奏，但法老也會在供奉祭品給女神哈索爾時演奏。

維齊爾（vizier）：這個詞是用來指擁有埃及官銜 tjaty 的人，地位據說大約相當於鄂圖曼帝國的維齊爾（或第一大臣），因此維齊爾通常是國王之下最有權力的人。

致謝

我要感謝喬治．米勒（George Miller）委託我撰寫這本簡明古埃及的第一版，還有珍妮．努吉（Jenny Nugée）建議修訂新版，從有關哈瑪瑪特旱谷採石場的重要洞見，到埃及在文化遺產管理上的新進發展，還有無數極富成效（偶爾也相當激烈）的古埃及考古討論，許多都替修訂新版增色不少。我永遠感謝我的太太伊莉莎白．布洛克森博士（Dr Elizabeth Bloxam），也非常謝謝不具名外審的有效建議和修正。

這本書獻給我最棒的女兒尼雅（Nia）和艾林（Elin）。

參考資料

第一章　導論

- Jan Assmann, *Moses the Egyptian* (Cambridge, Mass., 1997), p. 209
- Barry Kemp, *Ancient Egypt: Anatomy of a Civilization*, 3rd edn(London, 2018), p. 3
- John Romer, *Testament: The Bible and History* (London, 1988), p. 71
- Bruce Trigger, 'The Narmer Palette in Cross-Cultural Perspective', in Manfred Gorg and Edgar Pusch (eds), *Festschrift Elmar Edel* (Bamberg, 1979), p. 415
- Bruce Trigger, *A History of Archaeological Thought* (Cambridge, 1989), pp. 200–2
- John Wortham, *British Egyptology: 1549-1906* (Newton Abbot, 1971), p. 106

第二章　重建古埃及

- Elizabeth Bloxam, '"A Place Full of Whispers": Socializing the Quarry Landscape of the Wadi Hammamat', *Cambridge Archaeological Journal 25/4 (2015)*, p. 797

- Michael Hoffman, *Egypt before the Pharaohs* (London, 1979), p. 129
- John Laughlin, *Archaeology and the Bible* (London, 2000), p. 85
- James Quibell and Frederick Green, *Hierakonpolis II* (London, 1902), p. 30
- Archibald Sayce, *The Archaeology of the Cuneiform Inscriptions*, 2nd edn (London, 1908), p. 188

第三章　歷史

- Donald Redford, *Pharaonic King-lists, Annals and Day-Books: A Contribution to the Egyptian Sense of History* (Mississauga, 1986), p. xix

第四章　文字

- Walter Fairservis Jr, 'A Revised View of the Na'rmr Palette', *Journal of the American Research Center in Egypt* 28 (1991), pp. 1–20
- Alan Gardiner, *Egypt of the Pharaohs* (Oxford, 1961), p. 404
- Barry Kemp, 'Large Middle Kingdom Granary Buildings (and the Archaeology of Administration)', *Zeitschrift für Ägyptische Sprache und Altertumskunde* 113 (1986), pp. 120–36
- Andreas Stauder, 'Scripts', in Ian Shaw and Elizabeth Bloxam (eds), *The Oxford Handbook of Egyptology* (Oxford, 2020), p. 873

第五章　王權

- Alan Gardiner, *Egypt of the Pharaohs* (Oxford, 1961), p. 198

- Nicolas Grimal, *A History of Ancient Egypt*, tr. Ian Shaw (Oxford, 1992), p. 212
- Suzanne Ratie, *La Reine Hatchepsout: Sources et problèmes* (Leiden, 1979), p. 264
- Donald Redford, *History and Chronology of the Eighteenth Dynasty of Egypt* (Toronto, 1967), pp. 63–4, 85–6
- John Wilson, *The Burden of Egypt* (Chicago, 1951), pp. 174–5

第六章　身分認同

- Charles Loring Brace et al., 'Clines and Clusters versus Race: A Test in Ancient Egypt and the Case of a Death on the Nile', in Mary R. Lefkowitz and Guy M. Roberts (eds), *Black Athena Revisited* (Chapel Hill, NC, and London, 1996), p. 162
- Nadine Cherpion, 'Deux manucures royaux de la Ve dynastie', in A. Theodorides et al. (eds), *Archéologie et philologie dans les études des civilisations orientales*

(Leuven, 1986), p. 67

- Tom Hare, *ReMembering Osiris* (Stanford, Calif., 1999), pp. 139, 144
- Sarah Morris, 'The Legacy of Black Athena', in Mary R. Lefkowitz and Guy M. Roberts (eds), *Black Athena Revisited* (Chapel Hill, NC, and London, 1996), p. 162
- Lynn Meskell, 'Desperately Seeking Gender: A Review Article', *Archaeological Review from Cambridge* 13/1 (1994), p. 109
- Grafton Elliot Smith, 'Anatomical Report', *Archaeological Survey of Nubia Bulletin* 3 (1909), p. 25

第七章　死亡

- Mark Smith, 'Democratization of the Afterlife', in Jacco Dieleman and Willeke Wendrich (eds), *UCLA Encyclopedia of Egyptology* (Los Angeles, 2009).

- John Wilson, *The Culture of Ancient Egypt* (Chicago, 1951), p. 87

第八章　宗教

- Nicolas Grimal, *A History of Ancient Egypt*, tr. I. Shaw (Oxford, 1992), p. 142 (Ankhtifi's biography)
- Tom Hare, *ReMembering Osiris* (Stanford, Calif., 1999), p. 145
- Erik Hornung, *Conceptions of God in Ancient Egypt: The One and The Many, tr. J. Baine*s (London, 1982), pp. 255–6
- Erik Hornung, *Idea into Image: Essays on Ancient Egyptian Thought* (Princeton, 1992), p. 13
- Barry Kemp, 'How Religious were the Ancient Egyptians?', *Cambridge Archaeological Journal* 5/1 (1995), p. 26

第九章　埃及熱潮

- Mary Hamer, 'The Myth of Cleopatra since the Renaissance', in S. Walker and P. Higgs (eds), *Cleopatra of Egypt: From History to Myth* (London, 2001), p. 310
- Asa G. Hilliard III, 'Are Africans African? Scholarship over Rhetoric and Propaganda. Valid Discourse on Kemetic Origins', in Theodore Celenko (ed.), *Egypt in Africa* (Indianapolis, 1996), p. 113
- Barry Kemp, *Ancient Egypt: Anatomy of a Civilization*, 1st edn(London, 1989), pp. 4–5
- Jaromir Malek, Egypt: *4000 Years of Art* (London, 2003), p. 190
- Andre Malraux, 'The Action of a Man who Snatches Something from Death', *The UNESCO Courier*, May 1960
- Auguste Mariette, *Notice des principaux monuments exposés dans les galeries*

provisoires du Musée d'Antiquités Égyptiennes de S. A. Le vice-roi, à Boulaq (Alexandria, 1864), p. 8

- Camille Paglia, *Sexual Personae: Art and Decadence from Nefertiti to Emily Dickinson* (New York, 1991), pp. 68–9
- John Ray, 'Akhenaten: Hero or Heretic', *The Times* (London, 21 Mar. 2001)
- Donald Redford, 'Monotheism of a Heretic', *Biblical Archaeology Review* 13/3 (1987), p. 28
- Nicholas Reeves, *Ancient Egypt: The Great Discoveries* (London, 2000), p. 136
- Nicholas Reeves, *Akhenaten: Egypt's False Prophet* (London, 2001), p. 9
- Arthur Weigall, *The Life and Times of Akhnaten, Pharaoh of Egypt*, 4th edn (Edinburgh, 1922), p. 53

第十章　文化遺產

- Neil Brodie, Morag M. Kersel, Christina Luke, and Kathryn Walker Tubb, *Archaeology, Cultural Heritage, and the Antiquities Trade* (Gainesville, Fla., 1989), pp. 5–6
- Maher Eissa and Louay Saied, 'Museum Collections and Moving Objects in Egypt: An Approach to Amend the Current Situation', in Patrizia Piacentini et al. (eds), *Forming Material Egypt* (Milan, 2013), p. 82
- Marwa Ghanem and Samar Saad, 'Enhancing Sustainable Heritage Tourism in Egypt: Challenges and Framework of Action', *Journal of Heritage Tourism* 10/4 (2015), p. 373

延伸閱讀

前言

有許多書籍和文章討論到納爾邁調色板和其他的上古王朝調色板、權杖頭。一些比較有趣的包括：James Quibell and Frederick Green, *Hierakonpolis*, 2 vols (London, 1900-2); Elise J. Baumgartel, *The Cultures of Prehistoric Egypt II* (London, 1960); Bruce Trigger, 'The Narmer Palette in Cross-Cultural Perspective', in Manfred Görg and Edgar Pusch (eds), *Festschrift Elmar Edel* (Bamberg, 1979), pp. 409-19; Whitney Davis, *Masking the Blow* (Berkeley, 1992); David Wengrow, 'Rethinking "Cattle Cults" in Early Egypt: Towards a Prehistoric Perspective on the Narmer Palette', *Cambridge Archaeological Journal* 11/1 (2001), pp. 91-104; David O'Connor, 'The Narmer Palette: A New Interpretation', in Emily Teeter (ed.), *Before The Pyramids: The Origins of Egyptian Civilization* (Chicago, 2011), pp. 145-52; and Jorrit Kelder, 'Narmer, Scorpion and the Representation of the Early Egyptian Royal Court', Origini: *Preistoria e protostoria delle civiltà antiche* 35 (2013), pp. 143-56。

第一章　導論

下列總類作品能呈現出關於古埃及的各種不同觀點：David Wengrow, *The Archaeology of Early Egypt* (Cambridge, 2006); Willeke Wendrich (ed.), *Egyptian Archaeology* (London, 2010); Barry Kemp, *Ancient Egypt: Anatomy of a Civilization*, 3rd edn (London, 2018); Ian Shaw and Elizabeth Bloxam (eds), *The Oxford Handbook of Egyptology* (Oxford, 2020)。

關於塔拉姆薩丘陵的舊石器時代人類遺骸，詳見 Pierre Vermeersch et al., 'A Middle Palaeolithic Burial of a Modern Human at Taramsa Hill, Egypt', *Antiquity* 72 (1988), pp. 475–84。

關於埃及與希臘人，詳見 Alan Lloyd, *Herodotus Book II.1: An Introduction* (Leiden, 1975); Alan K. Bowman, *Egypt after the Pharaohs* (London, 1986); Naphthali Lewis, *Greeks in Ptolemaic Egypt* (Oxford, 1986); Roger Matthews and

Cornelia Roemer, *Ancient Perspectives on Egypt* (London, 2003); A. Villing and U. Schlotzhauer (eds), *Naukratis: Greek Diversity in Egypt: Studies on East Greek Pottery and Exchange in the Eastern Mediterranean* (London, 2006)。

關於埃及與《聖經》，詳見 Donald Redford, *A Study of the Biblical Story of Joseph* (Genesis 37–50) (Leiden, 1970); Anson F. Rainey (ed.), *Egypt, Israel, Sinai: Archaeological and Historical Relationships in the Biblical Period* (Tel Aviv, 1987); John Romer, *Testament: The Bible and History* (London, 1988); and Donald Redford, *Egypt, Canaan and Israel in Ancient Times* (Princeton, 1992)。佛洛伊德的《摩西與一神論》(*Moses and Monotheism*）英譯本可以在詹姆斯・史崔齊（James Strachey）的《西格蒙德・佛洛伊德全集》（*Complete Psychological Works of Sigmund Freud*, London, 1955）第二十三冊中找到。關於拉美西斯二世並非出埃及法老的論述，詳見 Farouk Gomaa, *Chaemwese, Sohn Ramses' II. und Hohenpriester von Memphis* (Wiesbaden, 1973)。關於在柏林的第十八王朝底座可

能提到以色列一事，詳見 Manfred Görg, Peter van der Veen, and Christoffer Theis, 'When Did Ancient Israel Begin?', *Biblical Archaeology Review* 38/1 (2012), pp. 59–62。

關於埃及學的歷史，詳見 Andrew Bednarski, Salima Ikram, and Aidan Dodson, *A History of World Egyptology* (Cambridge, 2020)，至於針對《埃及記敘》（*Description de l'Égypte*），詳見 Andrew Bednarski, *Holding Egypt: Tracing the Reception of the Description de l'Égypte in Nineteenth-Century Great Britain* (London, 2005)。

關於弗林德斯・皮特里（Flinders Petrie）用於前王朝的「序列年代測定」，他本人對這個方法的說明詳見 *Diospolis Parva* (London, 1901)，也可以參考 Stan Hendrickx, 'Predynastic-Early Dynastic Chronology', in Erik Hornung, Rolf Krauss, and David Warburton (eds), *Ancient Egyptian Chronology* (Leiden, 2006), pp. 53–93。

第二章　重建古埃及

關於古埃及早期發現的討論，詳見 David O'Connor, 'Egyptology and Archaeology: An African Perspective', in Peter Robertshaw (ed.), *A History of African Archaeology* (Portsmouth and London, 1990), pp. 236–51; Jean Vercoutter, *The Search for Ancient Egypt* (London, 1992); Nicholas Reeves, *Ancient Egypt: The Great Discoveries* (London, 2000)。關於上古王朝儀式用調色板的功能及每一面的裝飾安排，討論詳見 David O'Connor, 'Context, Function and Program: Understanding Ceremonial Slate Palettes', *Journal of the American Research Center in Egypt* 39 (2002), pp. 5–25。

關於達巴廢丘的「米諾安」繪畫，詳見 Vivian Davies and Louise Schofield (eds), *Egypt, the Aegean and the Levant* (London, 1995), and Manfred Bietak, 'Egypt and the Aegean: Cultural Convergence in a Thutmoside Palace at Avaris', in Catharine H. Roehrig (ed.), *Hatshepsut: From Queen to Pharaoh* (New York and New Haven,

2005), pp. 75–81。關於地中海以東米諾安風格藝術的廣泛觀點，詳見 Ann Brysbaert, *The Power of Technology in the Bronze Age Eastern Mediterranean: The Case of the Painted Plaster* (London, 2009)。

關於阿瑪納書簡的跨學科研究，詳見 Raymond Cohen and Raymond Westbrook (eds), *Amarna Diplomacy* (Baltimore and London, 2000)。關於最新的翻譯和討論，詳見 Anson F. Rainey (ed.) *The El-Amarna Correspondence: A New Edition of the Cuneiform Letters from the Site of el-Amarna Based on Collations of All Extant Tablets* (Leiden, 2015)。關於阿瑪納泥板黏土的詳細討論與科學分析，詳見 Yuval Goren, Israel Finkelstein, and Nadav Na'aman, *Inscribed in Clay: Provenance Study of the Amarna Letters and Other Ancient Near Eastern Texts* (Tel Aviv, 2004)。

奧福雷·盧卡斯（Alfred Lucas）率先研究了古埃及的素材及工藝品，於 1926 年首次出版，多次再版，最後由 John Harris 略為修訂，出版了第四版的《古埃及的素材與生產製造》（*Ancient Egyptian Materials and Industries*, 4th edn,

London, 1962）。將近八十年來，關於這個主題只有這本書，一直到後來才出版了 Paul Nicholson and Ian Shaw (eds), *Ancient Egyptian Materials and Technology* (Cambridge, 2000)。關於埃及學早期的科學技術，有趣的概要可參考 Eric Peet, *The Present State of Egyptological Studies* (Oxford, 1934)。關於進展狀況的近期評估，詳見 Ian Shaw, *Ancient Egyptian Technology and Innovation: Transformations in Pharaonic Material Culture* (London, 2012), and Sonia Zakrzewski, Andrew Shortland, and Joanne Rowland, *Science in the Study of Ancient Egypt* (London and New York, 2015)。

關於哈瑪瑪特旱谷採石場的工作，詳見 Elizabeth Bloxam, James Harrell, Adel Kelany, Norah Moloney, Ashraf el-Senussi, and Adel Tohamey, 'Investigating the Predynastic Origins of Greywacke Working in the Wadi Hammamat', *Archéonil* 24 (2014), pp. 11–30; Elizabeth Bloxam, '"A Place Full of Whispers": Socializing the Quarry Landscape of the Wadi Hammamat', *Cambridge Archaeological Journal* 25/4

(2015), p. 797。關於遺址工作的定期更新，詳見 <www.wadi-hammamat-project.co.uk>。

第三章　歷史

關於古埃及的歷史，詳見 Ian Shaw (ed.), *The Oxford History of Ancient Egypt* (Oxford, 2000) and Marc Van De Mieroop, *A History of Ancient Egypt* (Oxford, 2011)。關於古埃及的年表有許多不同的資料來源，不過其中有四個提供了非常不同的觀點，關於年代體系架構的方式，精心結合了天文學觀察、國王列表和系譜，詳見 Richard Parker, *The Calendars of Ancient Egypt* (Chicago, 1950); Donald Redford, *Pharaonic King-lists, Annals and Day-Books: A Contribution to the Egyptian Sense of History* (Mississauga, 1986); Erik Hornung, Rolf Krauss, and David Warburton (eds), *Ancient Egyptian Chronology* (Leiden, 2006); and Andrew Shortland and Christopher Bronk Ramsey (eds), *Radiocarbon and the Chronologies of Ancient*

Egypt (Oxford, 2013)。關於古埃及人本身的歷史感，詳見 John Tait (ed.), *'Never had the Like Occurred': Egypt's View of its Past* (London, 2003), and John Baines, 'History and Historiography in the Material World: Ancient Egyptian Perspectives', in John Baines, Henriette van der Blom, Yi Samuel Chen, and Tim Rood (eds), *Historical Consciousness and the Use of the Past in the Ancient World* (Sheffield, 2019), pp. 109–32。

關於前王朝晚期敬神用的權杖頭和調色板，其中可能包含的歷史意義，具有影響力的理論可見 Nicholas Millet, 'The Narmer Macehead and Related Objects', *Journal of the American Research Center in Egypt* 27 (1990), pp. 53–9。

關於二〇〇〇年前德國考古學家在阿比多斯發掘的象牙「納爾邁標牌」，詳見 Günter Dreyer, 'Egypt's Earliest Historical Event', Egyptian Archaeology 16 (2000), pp. 6–7。關於巴勒莫石碑，詳見 Toby Wilkinson, *Royal Annals of Ancient Egypt* (London, 2000); for the Turin Papyrus, see Alan Gardiner, *The Turin Royal Canon*

(Oxford, 1959) and Kim Ryholt, 'The Turin King List or So-called Royal Canon of Turin (TC) as a Source for Chronology', in Erik Hornung et al. (eds), *Ancient Egyptian Chronology* (Leiden, 2006), pp. 26–32;。關於曼涅托（Manetho），詳見 Gerald P. Verbrugghe and John M. Wickersham, *Berossos and Manetho, Introduced and Translated: Native Traditions in Ancient Mesopotamia and Egypt* (Ann Arbor, 2001)。

關於埃及年代學中利用的天文觀測地點爭議，詳見 William Ward, 'The Present Status of Egyptian Chronology', *Bulletin of the American Schools of Oriental Research* 288 (1992), pp. 53–66,。關於近期發現的古王國時期觀測到的天狼星偕日升，詳見 M. E. Habicht, R. Gautschy, R. Siegmann, D. Rutica, and R. Hannig, 'A New Sothis Rise on a Small Cylindrical Jar from the Old Kingdom', *Göttinger Miszellen* 247 (2015), pp. 41–9。關於棺木序列化作為判斷年代的方法，詳見 Harco Willems, *Chests of Life: A Study of the Typology and Conceptual Development of Middle Kingdom Standard Class Coffins* (Leiden, 1988)。

關於埃及年代學最早的校正放射性碳年代使用，詳見 Ian Shaw, 'Egyptian Chronology and the Irish Oak Calibration', *Journal of Near Eastern Studies* 44 (1985), pp. 295–317。關於埃及歷史建築與放射性碳定年法當前關係的優秀討論，詳見 Felix Höflmayer, 'Radiocarbon Dating and Egyptian Chronology—From the "Curve of Knowns" to Bayesian Modelling', *Oxford Handbooks Online* (January 2016) [DOI: 10.1093/oxfordhb/9780199935413.013.64。關於最近成功運用放射性碳定年法的埃及歷史及史前研究，詳見 Andrew Shortland and C. Bronk Ramsey (eds), *Radiocarbon and the Chronologies of Ancient Egypt* (Oxford, 2013) and Michael Dee et al., 'An Absolute Chronology for Early Egypt Using Radiocarbon Dating and Bayesian Statistical Modelling', *Proceedings of the Royal Society A* 469 (2013), 20130395。

第四章　文字

關於象形文字書寫系統的研究，詳見 Mark Collier and Bill Manley, *How to Read Hieroglyphs* (London, 1998); Penelope Wilson, *Sacred Signs* (Oxford, 2003); James Allen, *An Historical Study of Ancient Egyptian* (Cambridge, 2012); James Allen, *Middle Egyptian: An Introduction to the Language and Culture of Hieroglyphs* (Cambridge, 2014)。有好幾部關於重要古埃及文字的一般合集：Miriam Lichtheim, *Ancient Egyptian Literature*, 3 vols (Berkeley, 1973–80); Edward Wente, *Letters from Ancient Egypt* (Atlanta, 1990); Richard Parkinson, *Voices from Ancient Egypt* (London, 1991)。關於埃及文字詮釋與分析的方法討論，包括 Antonio Loprieno (ed.), *Ancient Egyptian Literature: History and Forms* (Leiden, 1996) and Chris Eyre, *The Use of Documents in Pharaonic Egypt* (Oxford, 2013)。紙莎草和陶片，尤其是屬於羅馬時期的討論可見 Roger S. Bagnall, *Reading Papyri, Writing Ancient History* (London, 1995)。象形文字的解譯詳見 Richard Parkinson, *Cracking*

Codes: The Rosetta Stone and Decipherment (London, 1999)。與中部美洲象形字的比較對比也可參考 Michael Coe, *Breaking the Maya Code* (London, 1992)。

關於埃及文字的起源，詳見 Nicholas Postgate, Tao Wang, and Toby Wilkinson, 'The Evidence for Early Writing: Utilitarian or Ceremonial?', *Antiquity* 69 (1995), pp. 459–80; Frank Kammerzell, 'Old Egyptian and Pre-Old Egyptian: Tracing Linguistic Diversity in Archaic Egypt and the Creation of the Egyptian Language', in Stephan Seidlmayer (ed.), *Texte und Denkmäler des ägyptischen Alten Reiches* (Berlin, 2005), pp. 165–247; and David Wengrow, 'The Invention of Writing in Egypt', in Emily Teeter (ed.), *Before the Pyramids: The Origins of Egyptian Civilization* (Chicago, 2011), pp. 99–103。

第五章　王權

關於埃及王權的一般討論，詳見 Henri Frankfort, *Kingship and the Gods* (Chicago, 1948); H. W. Fairman, 'The Kingship Rituals of Egypt', in Samuel H. Hooke (ed.), *Myth, Ritual and Kingship* (Oxford, 1958), pp. 74–104; David O'Connor and David Silverman (eds), *Ancient Egyptian Kingship* (Leiden, 1995), pp. 185–217。關於托勒密時期的王權，詳見 Ellen E. Rice, *The Grand Procession of Ptolemy Philadelphus* (Oxford, 1983); Klaus Bringmann, 'The King as Benefactor: Some Remarks on Ideal Kingship in the Age of Hellenism', in Anthony Bulloch, Erich S. Gruen, A. A. Long, and Andrew Stewart (eds), *Images and Ideologies: Self-Definition in the Hellenistic World* (Berkeley and London, 1993)。關於同期攝政的爭論探討，詳見 William Murnane, *Ancient Egyptian Coregencies* (Chicago, 1977) and David Lorton, 'Terms of Coregency in the Middle Kingdom', *Varia Aegyptiaca* 2 (1986), pp. 113–20。

關於阿蒙霍特普二世，詳見 Peter der Manuelian, *Studies in the Reign of Amenophis II* (Hildesheim, 1987) and Charles Van Siclen III, *Two Monuments from the Reign of Amenhotep II* (San Antonio, 1982) and *The Alabaster Shrine of King Amenhotep II* (San Antonio, 1986)。

關於哈謝普蘇和塞尼穆特，詳見 Suzanne Ratié, *La Reine Hatchepsout* (Leiden, 1979); Catharine H. Roehrig (ed.), with Renée Dreyfus and Cathleen A. Keller, *Hatshepsut: From Queen to Pharaoh* (New York and New Haven, 2005); and Peter Dorman, *The Monuments of Senenmut* (London, 1988) and *The Tombs of Senenmut: The Architecture and Decoration of Tombs 71 and 353* (New York, 1991)。

關於拉美西斯二世，詳見 Kenneth Kitchen, *Pharaoh Triumphant: The Life and Times of Ramesses II, King of Egypt*, 3rd edn (Warminster, 1985); Labib Habachi, *Features of the Deification of Ramesses II* (Glückstadt, 1969); and Joyce Tyldesley, *Ramesses: Egypt's Greatest Pharaoh* (London, 2000)。

第六章　身分認同

關於納爾邁調色板上風箏形狀圈地的可能理論，詳見 Yigael Yadin, 'The Earliest Record of Egypt's Military Penetration into Asia?', Israel Exploration Journal 5/1 (1955), pp. 1–16。關於早期埃及人與敘利亞－巴勒斯坦接觸證據的一般討論，詳見 Eliot Braun, 'South Levantine Early Bronze Age Chronological Correlations with Egypt in Light of the Narmer Serekhs from Tel Erani and Arad: New Interpretations', *British Museum Studies in Ancient Egypt and Sudan* 13 (2009), pp. 25–48。

關於 DNA 分析顯示現代埃及人與撒哈拉沙漠以南的基因連結增加，詳見 Verena Schuenemann, Alexander Peltzer, and Beatrix Welte, 'Ancient Egyptian Mummy Genomes Suggest an Increase of Sub-Saharan African Ancestry in Post-Roman Periods', *Nature Communications* 8 (2017) [open access: <https://www.nature.com/articles/ncomms15694>].。

關於埃及種族與族裔議題的討論，詳見 Martin Bernal, *Black Athena: The Afro-Asiatic Roots of Classical Civilization*, 3 vols (London, 1987–2006)。關於貝爾納具爭議的觀點，詳見 Mary R. Lefkowitz and Guy M. Roberts (eds), *Black Athena Revisited* (Chapel Hill, NC, and London, 1996); and Wim van Binsbergen (ed.), *Black Athena Comes of Age* (Berlin, 2011)。關於非洲中心主義的一般回應，詳見 Tunde Adeleke, *The Case Against Afrocentrism* (Jackson, Miss., 2009)。弗林德斯・皮特里對於埃及人的種族歧視看法，討論可見 Debbie Challis 的 *The Archaeology of Race: The Eugenic Ideas of Francis Galton and Flinders Petrie* (New York and London, 2013)。

關於埃及學的性別研究，詳見 Gay Robins, *Women in Ancient Egypt* (London, 1993); Dorothea Arnold, *The Royal Women of Amarna* (New York, 1996); and K. Cooney, *When Women Ruled the World: Six Queens of Egypt* (Washington, DC, 2018)。關於性慾，詳見 Dominic Montserrat, *Sex and Society in Graeco-Roman*

Egypt (London, 1996); Tom Hare, *ReMembering Osiris* (Stanford, Calif., 1999); and Carolyn Graves-Brown (ed.), *Sex and Gender in Ancient Egypt* (Swansea, 2008)。

關於埃及的同性慾望，詳見 Richard Parkinson, '"Homosexual" Desire and Middle Kingdom Literature', *Journal of Egyptian Archaeology* 81 (1995), pp. 57–76。關於荷魯斯與賽特神話中的同性戀，詳見 J. G. Griffiths, *The Conflict of Horus and Seth from Egyptian and Classical Sources* (Liverpool, 1960), 41–6]。關於哈謝普蘇祭祀神殿中陵墓的情色速寫，詳見 Christine Hue-Arce, 'Les Graffiti érotiques de la tombe 504 de Deir el-Bahari revisités', *Bulletin de l'Institut Français d'Archéologie Orientale* 113 (2013), pp. 193–202。葛瑞格・里德（Greg Reeder）也在 Carolyn Graves-Brown (ed.), *Sex and Gender in Ancient Egypt* (Swansea, 2008), pp. 143–55 討論了這個議題，篇名為 'Queer Egyptologies of Niankhkhnum and Khnumhotep'，不過必須注意的是，關於這項主題的意見仍然相當分歧。

第七章　死亡

關於奧西里斯，詳見 Tom Hare, *ReMembering Osiris* (Stanford, Calif., 1999) and Mark Smith, *Following Osiris: Perspectives on the Osirian Afterlife from Four Millennia* (Oxford, 2017)。關於古埃及死亡與製作木乃伊的書籍很多，例子包括 John Taylor, *Death and the Afterlife in Ancient Egypt* (London, 2001); Arthur C. Aufderheide, *The Scientific Study of Mummies* (Cambridge, 2003); Rosalie David (ed.), *Egyptian Mummies and Modern Science* (Cambridge and New York, 2008); and Mark Lehner and Zahi Hawass, *Giza and the Pyramids* (Chicago, 2017)。

關於希拉孔波利斯的前王朝木乃伊，詳見 Jana Jones, 'New Perspectives on the Development of Mummification and Funerary Practices during the Pre- and Early Dynastic Periods', in J.-C. Goyon and C. Cardin (eds), *Proceedings of the Ninth International Congress of Egyptologists* (Leuven, 2007), pp. 979–90。關於新石器時代的實驗性質木乃伊製作，詳見 Jana Jones et al., 'Evidence for Prehistoric Origins of Egyptian Mummification in Late Neolithic Burials', *Public Library of Science ONE* 9/8 (2014), e103608.。關於位於薩加拉的後期屍體防腐工作坊，詳見 Ramadan Hussein and Sylvie Marchand, 'A Mummification Workshop in Saqqara: The Pottery from the Main Shaft K24 (Saqqara Saite Tombs Project)', *Bulletin de Liaison de la Céramique Égyptienne* 29 (2019), pp. 101–32。

關於「木乃伊的詛咒」，詳見 R. Luckhurst, *The Mummy's Curse: The True History of a Dark Fantasy* (Oxford, 2012)。也可以參考 Nicholas Daly, 'That Obscure Object of Desire: Victorian Commodity Culture and Fictions of the Mummy', *NOVEL: A Forum on Fiction* 28 (1994), 24–51，有關於維多利亞時代與愛德華時代木乃伊故事為何大受歡迎的詮釋。

第八章　宗教

某些關於埃及宗教和意識形態的較早作品仍然很重要，例如 Henri Frankfort, *Kingship and the Gods* (Chicago, 1948) and Siegfried Morenz, *Egyptian Religion* (London, 1973)，不過最好的作品還是在過去三十年內所發表，例如 Erik Hornung, *Idea into Image: Essays on Ancient Egyptian Thought* (New York, 1992); Geraldine Pinch, *Egyptian Myth: A Very Short Introduction* (Oxford, 2004); Emily Teeter, *Religion and Ritual in Ancient Egypt* (Cambridge, 2011); and Stephen Quirke, *Exploring Religion in Ancient Egypt* (Hassocks, 2015)。

關於納巴塔乾荒盆地早期歷史遺跡的討論，詳見 Fred Wendorf, Romuald Schild, and Nieves Zedeno, 'A Late Neolithic Megalith Complex in the Eastern Sahara: A Preliminary Report', in Lech Krzyzaniak (ed.), *Interregional Contacts in the Later Prehistory of Northeastern Africa* (Poznan, 1996), pp. 125–32。關於希拉孔波利斯的早期神殿，詳見 Reneé Friedman, 'Hierakonpolis Locality HK29A: The Predynastic

Ceremonial Centre at Hierakonpolis Revisited', *Journal of the American Research Center in Egypt* 45 (2009), pp. 79–103。關於馬沙那（el-Mahsna）與納卡達可相比的儀式區，詳見 David Anderson, 'Zoomorphic Figurines from the Predynastic Settlement at el-Mahasna, Egypt', in Zahi Hawass and Janet Richards (eds), *The Archaeology and Art of Ancient Egypt* (Cairo, 2007), pp. 33–54, and Grazia Di Pietro, '"Kleinfunde" from the Italian Excavations at Zawaydah (Petrie's South Town)', in Hany Hanna (ed.), *The International Conference on Heritage of Naqada and Qus Region* (Cairo, 2007), pp. 79–87。

第九章　埃及熱潮

關於理論討論到金字塔的本質與目的，詳見 Lynn Picknett and Clive Prince, 'Alternative Egypts', in Sally MacDonald and Michael Rice (eds), Consuming Ancient Egypt (London, 2003), pp. 175–94。關於金字塔透過拱極星對齊北方的觀念，詳見

Kate Spence, 'Ancient Egyptian Chronology and the Astronomical Orientation of the Pyramids', *Nature* 408 (2000), pp. 320–4。關於查爾斯・皮亞齊・史密斯（Charles Piazzi Smyth）對金字塔學的貢獻，詳見 *Life and Work at the Great Pyramid* (London, 1867)。

關於阿肯那頓與阿瑪納時期，詳見 William Murnane, *Texts from the Amarna Period in Egypt* (Atlanta, 1995); Dominic Montserrat, *Akhenaten: History, Fantasy and Ancient Egypt* (London, 2000); Nicholas Reeves, *Akhenaten: Egypt's False Prophet* (London, 2001); Barry Kemp, *The City of Akhenaten and Nefertiti: Amarna and its People* (London, 2012); James K. Hoffmeier, *Akhenaten and the Origins of Monotheism* (Oxford, 2015)。關於娜芙蒂蒂是否可能埋葬在圖坦卡門陵墓的隱藏墓室中，討論詳見 C. N. Reeves, *The Burial of Nefertiti?*, Amarna Royal Tombs Project Occasional Paper 1: 1–16; and Jo Marchant, 'Is This Nefertiti's Tomb?', *Nature News* 20 Feb. 2020。（兩者皆可線上閱讀）

關於娜芙蒂蒂，詳見 Julia Samson, *Nefertiti and Cleopatra: Queen-Monarchs of Ancient Egypt* (London, 1985) and Joyce Tyldesley, *Nefertiti's Face: The Creation of an Icon* (London, 2018)。關於克莉奧佩脫拉，詳見 Susan Walker and Peter Higgs, *Cleopatra of Egypt: From History to Myth* (London, 2001); Michel Chauveau, *Cleopatra: Beyond the Myth* (Ithaca, NY, 2002); Susan Walker and Sally-Ann Ashton,

Cleopatra Reassessed (London, 2003); Joyce Tyldesley, *Cleopatra: Last Queen of Egypt* (London, 2009); Stacy Schiff, *Cleopatra: A Life* (New York, 2010); and Mary Hamer, *Signs of Cleopatra: Reading an Icon Historically* (Liverpool, 2014)。

關於埃及證據極其「另類」的觀點，詳見 Lynn Picknett and Clive Prince, *The Stargate Conspiracy: Revealing the Truth behind Extraterrestrial Contact, Military Intelligence and the Mysteries of Ancient Egypt* (London, 2000)。關於研究古埃及各種精彩的非傳統、創新方式，詳見 William Carruthers (ed.), *Histories of Egyptology: Interdisciplinary Measures* (New York, 2015)。

第十章　文化遺產

關於埃及文化遺產在阿拉伯之春發生不久之後所面臨的威脅，討論詳見 Monica Hanna 及 Salima Ikram 的文章 *Bulletin of the American Research Center in Egypt* 202 (2013), pp. 34–9, and *Journal of Mediterranean Archaeology & Heritage Studies* 1/4 (2013), pp. 366–75。關於伊斯納庫努牡神廟永續遺產計畫的失敗，詳見 Marwa Ghanem and Samar Saad, 'Enhancing Sustainable Heritage Tourism in Egypt: Challenges and Framework of Action', *Journal of Heritage Tourism* 10/4 (2015), pp. 357–77。關於吉薩不成功的策略，詳見 Ahemed Shetawy and Samah El Khateeb, 'The Pyramids Plateau: A Dream Searching for Survival', *Tourism Management* 30/6 (2009), pp. 819–27。

關於埃及文化遺產西化管理方式的問題，還有一些當前與未來策略的有效個案研究，跨文化觀點詳見 Elizabeth Bloxam and Adel Kelany, 'Cultural Heritage Management in Egypt: Community-Based Strategies, Problems and Possibilities', in Ian Shaw and Elixabeth Bloxam (eds), *Oxford Handbook of Egyptology* (Oxford, 2020), pp. 232–51。關於埃及博物館及古物儲藏室的現況，討論詳見 Maher A. Eissa and Ashraf el-Senussi, 'Egyptian Museums and Storehouses'，以及 *Oxford Handbook of Egyptology*, pp. 1185–202。關於埃及地方上新博物館缺乏整體策略的批評，詳見 Maher Eissa and Louay Saied, 'Museum Collections and Moving Objects in Egypt: An Approach to Amend the Current Situation', in Patrizia Piacentini et al. (eds), *Forming Material Egypt* (Milan, 2013), pp. 81–94。目前在吉薩興建中的大埃及博物館網址是<https://grandegyptianmuseum.org>。

國家圖書館出版品預行編目(CIP)資料

古埃及：揭開神祕古文明面紗
/ 伊恩・蕭（Ian Shaw）著；趙睿音譯. -- 初版. -- 臺北市：日出出版：大雁文化事業股份有限公司發行, 2022.08
面； 公分
譯自：Ancient Egypt: A Very Short Introductio, 2nd ed.
ISBN 978-626-7044-64-3(平裝)
1. 古埃及 2. 文明史 3. 埃及文化
761.3 111011355

古埃及：揭開神祕古文明面紗

Ancient Egypt: A Very Short Introduction, Second Edition

作　　者 伊恩・蕭 Ian Shaw
譯　　者 趙睿音
責任編輯 王辰元
封面設計 萬勝安
內頁排版 藍天圖物宣字社
發 行 人 蘇拾平
總 編 輯 蘇拾平
副總編輯 王辰元
資深主編 夏于翔
主　　編 李明瑾
業務發行 王綬晨、邱紹溢、劉文雅
行銷企劃 廖倚萱
出　　版 日出出版
地址：231030 新北市新店區北新路三段 207-3 號 5 樓
電話：（02）8913-1005　傳真：（02）8913-1056
網址：www.sunrisepress.com.tw
E-mail 信箱：sunrisepress@andbooks.com.tw
發　　行 大雁出版基地
地址：231030 新北市新店區北新路三段 207-3 號 5 樓
電話：（02）8913-1005　傳真：（02）8913-1056
讀者服務信箱 E-mail:andbooks@andbooks.com.tw
劃撥帳號：19983379 戶名：大雁文化事業股份有限公司
初版一刷 2022 年 8 月
初版二刷 2024 年 6 月
定　　價 380 元

ISBN 978-626-7044-64-3